あなただけの、咲き方で

# はじめに

私は、一六歳で宝塚歌劇に入団してから、舞台や映画、テレビドラマに出演し、約六七年間、女優生活を送ってきました。

とはいえ、華やかな世界が苦手で、女優に向いているのかと常に自問自答しながら、続けてきたというのが正直なところです。

ただ、他の人と比べてあれこれと悩むよりも、自分らしい生き方ができたらいいのではないか。ときを経るごとに、そんな思いにようやくなれたような気がしております。

人は必ず、いいところを持っているものです。だから、一人ひとりが持つ宝物を大事にしながら、〝私だけの咲き方〟ができたら、それはとても幸せなこと。私の場合は、野に咲く花のようにひっそりと、決して派手ではないけれど、人の心に残るような女優になれたらとずっと思ってきました。

そんな私が、最近心がけているのは、ちょっとだけ無理をすること。なぜなら、若い頃と違って精一杯頑張りすぎることでかえって周りに迷惑をかけてしまうかもしれません。だからといって、まったく無理をしない生活では、ただ無為にときを過ごしているだけなのではないかと思うからです。

だから、何に対しても、〝ちょっとだけ〟無理をして生きていこうと思っています。

同時に、あれこれと先のことを心配したり、行く末を案じたりしても先のことは分からないな、とも考えるようになりました。

歳を重ねることに、焦りもしなければ、諦めもしない。それよりも、一日をきちんと生きようとすることが大切なのではないでしょうか。だから、今日一日をなんとなく一所懸命やったな、と思うことができれば、それでいいんじゃないかと思うのです。

二〇一五年も、映画『ゆずり葉の頃』に出演させていただきます。このように今の年齢になっても撮影現場に足を運べる毎日を大変うれしく思います。今でも、「自分は、この仕事に向いていないんじゃないのか……」と考えてしまう私が、なぜ続けていられるのか――。

この本では、そんな今の私の心境を綴りました。皆さまの暮らしの中で、ほんの少しでもお役に立つことができたら、また皆さまに自分だけの咲き方を探すきっかけにしていただくことができたら、うれしく思います。

もくじ



第一章　品よく、暮らすために

第二章

# 仕事と向き合うときの心構え

## 第三章　女優生活から学んだこと

## 第四章 ひとつの世界だけで生きない

## 第五章 幸せな人間関係を育む

## 第六章　美しく歳を重ねるために

第一章

# 品よく、暮らすために

# 品位とは、相手を思いやる気持ちのこと

品位や品格。

誰もが知っている言葉でありながら、本当にこれが備わっている人というのは、ごく稀なのではないでしょうか。

私は、品位や品格とは、相手のことを思いやる気持ちの現れなのだと思います。

姿勢を正して挨拶をしたり、相手を敬う言葉を選んだり……。自分のためでなく、相手に配慮した立ち居振る舞いを無意識のうちにできることが、自ずと品位となって現れるものだと思うのです。

最近は、その逆で人の目や人のことを気にしない人が増えているように感じています。昔はよく、「人様に迷惑をかけないように」「人様の前でそんなことをしたら恥ずかしい」といった言葉を使いました。

しかし、最近ではこうした言葉が使われなくなるとともに、自分のことだけでいい、という人が増えて、相手の気持ちを慮《おもんぱか》ったり、相手を気づかう意識を持てなくなったりしているのではないでしょうか。

意外に思われるかもしれませんが、私が宝塚音楽学校に通っていた頃は、決してマナーや振る舞いについて厳しく教育されるようなことはありませんでした。

今でこそ、上級生に会ったら腰を九〇度曲げて挨拶をしなくてはいけないとか、校内では来客者が通りやすいように廊下の端を歩き、曲がり角では直角に曲がらなくてはいけないというような規律があると耳にします。

しかし、少なくとも私が在籍していた頃は、下級生が上級生と接する際のマニュアルのようなものはなく、上級生の姿や振る舞いを見ながら自ずと礼儀を身につけていったような気がします。

本来は、尊敬する先輩方と会ったら、誰に教えられるわけではなくても、頭を垂れて挨拶をするもの。決まりごとだからと、深く腰を曲げてお辞儀をするというのでは、本当に相手への敬意を込めた行為ではないのではと、少々疑問に感じてしまうのですが……。

とはいえ、最近は宝塚音楽学校に限らず、ご近所とのつきあいが希薄になったり、核家族が増えたりしていることで、日々の生活の中で目上の人からマナーや立ち居振る舞いを学ぶ機会が少なくなっています。そう考えれば、学校などで改めて教わるのも致し方ないのかもしれませんね。

かくいう私も、知らず知らずのうちに、相手への配慮を欠いた行動で、不愉快な思いをさせてしまっていることもあるでしょう。ですから、せめて相手の立場になって、相手のことを考えた立ち居振る舞いができているのかと、心の片隅にいつもとめておきたいものです。

## 「欲」は、程よい加減で

欲には、さまざまな種類があります。

今よりも成長したい、前に進みたいという向上心がなくなれば、人の成長は止まってしまいます。それでは、ただ生きているだけになりますから、ある程度の意欲は必要なのだと思います。

ただ、逆に欲を持ちすぎてしまうと、品格からは遠ざかるような気もするのです。なんでも欲しい、欲しいという思いが過ぎると、それを求めようとするあまり、人はどうしても身勝手になってしまうのではないでしょうか。

思い返せば戦時中、物がなく国民すべてが貧しかった時代には、自分だけがこれをしたい、あれをしたいといった欲を持つことはできませんでした。みんなが辛い思いをしているのだから、みんなで一緒にそれを分かち合おうという気持ちを一人ひとりが持っていました。同時に、相手を思いやる気持ちを持っている人も今より多かったような気がいたします。

しかし、自由に人生を選べるようになり、選択肢が増えた今、みんながこれもあれも、もっと、もっと……と、欲が深くなってしまいがちになっています。それなのに人生はままならないものですから、やりたいことやなりたいものがあっても必ずしも叶わないときがある。欲があまりに深いと、それが叶わなかったときに、落胆が大きくなってしまう。それが怖くて、よけいに欲が深くなる……。これでは、生きていくのが辛くなってしまいます。

もし、そんな悪循環に陥っていたとしたら、そこから抜け出してみようとする意識も必要かもしれません。欲は過度に持たず、いい加減に。そんなことを覚えておくだけで、少し肩の力を抜いて生きられそうです。

# 明治生まれの女性からつつしみの心を学ぶ

かつては上級生や親戚など、立ち居振る舞いがとても素敵に見えて手本にしたくなるような方が、たくさんいらっしゃいました。

私がとても品を感じた女性として、心に残っているのは主人のお姉さんです。明治生まれの義姉は、控え目でいながら、近代的な部分もバランス良く持っていました。

決して、前に前にと出る方ではないのですが、正しいと思ったことなら言いにくいこともごまかさないできちんと相手に伝えることもできる。会うたびに、私もこんな風に歳が重ねられるといいなと憧憬の念を持ったものです。

控え目だけれど、凛としていて、良い意味の強さを持っている――。

これは義姉に限ったことではなく、明治生まれの女性の共通点のような気がします。

子どもを何人も産んで育てながら、どんなに貧乏をしてもちゃんと家庭を守っていかなければいけない意識が強い時代。現代のように「自分の人生はなんだろう」というような疑問を持つ余裕などなく、家族の生活を守ることに必死だったのではないかと思います。

夫に対しても、自分に対しても一切弱音をはかず、でも何かあったときには夫よりもすごく大胆な決断ができてしまう。明治生まれの女性には、どこか、そんな秘めたる芯の強さを感じるのです。

今の女性がそれを失ってしまった気がするのは、なぜでしょうか。そのひとつは、男性とあまりにも同じ線に仲良く立ちすぎているからではないかと思います。

明治以降、急速に西洋の文化が入ってきたことで、昔に比べると、男性と肩を並べるようにして自己主張をしっかりとできる女性は増えました。そのこと自体は、今を生きていくためには、とても大切なことだと思います。しかし、特に近年は、自分の意見をしっかりと持っている方が増えた反面、日本人が元来持っていたつつしみ深さや恥じらいなどの心を忘れてしまっている人が多くなってきた気がしてなりません。

電車に乗ったときに、まったく人目を気にすることなく、化粧をしたり、物を食べたりする方を見て驚いたことがあります。「人前で化粧をする行為は恥ずかしい」というのは、もともと女性が持っているべき心。電車の中で平然と人前で化粧をするのは、化粧が人のためではなく、自分のためと思っているからできることなのでしょう。これでは、どんなに美しく、清楚に見えても、品位のある人とはとてもいえないでしょう。

現代的な素養を持ちながらも、恥じらいやつつしみの心を忘れない。難しいことかもしれませんが、そんな日本人らしさをこれからの若い方々にも少しでも受け継いでいってもらえたらと願っています。

# 身だしなみの本分は「飾り立てる」ことではない

「身だしなみを整えましょう」

よく言われることですが、その意味と目的はどういうことだと思われるでしょうか。

私は、身だしなみとは人に対して見苦しい印象を与えないように装う、ということだと思ってまいりました。

ですが最近、もしかしたら「整える」を「飾り立てる」と認識違いしていらっしゃる女性が多いのではないかと感じております。そしてオンとオフをわきまえないファッションに違和感を覚える場面に遭遇することもよくあります。

私が若かったときに比べると、今はお洒落に敏感な女性が多くなりました。装いだけでなく、大方の女性はお化粧をして街に出ていらっしゃいます。本当に皆さん、華やかで、綺麗だと思います。

その一方で、残念だと思うのは、相手に違和感を与えてしまうほど、お化粧で顔を作りすぎてしまっている人が多いのではないか、ということです。

「身だしなみ」の見地からすると、元の自分の顔を覆い隠すほどの化粧は、自分のために装っているのであって、相手に対して不快感を与えないという本来の目的からは外れてしまっているようにも感じるのです。

また、過剰な化粧はその人の大事な個性を奪っていることになるのではないでしょうか。

例えば、アイメイク。女性は目が大きいほうが魅力的という風潮があるからか、特に最近は、とても重そうなつけ睫毛《まつげ》で目を飾り、少しぎょっとするぐらい目を強調したお化粧をしている方を見かけるようになりました。

もちろん、お化粧にも流行がありますし、個性を生かしながら、楽しみのひとつとしていろいろと冒険することは否定されることではなく、むしろ歓迎すべきことかもしれません。

しかし、皆がつけ睫毛をして、さらに同じようなアイメイクを施すことで、皆さん同じような顔に見えていませんか。人にはそれぞれ特徴がありますから、個性を失うほど顔を作り込みすぎるのは、なんだかとてももったいない。

特に若いときは、過剰に飾り立てずとも、そのままで十分に美しいものです。情熱をかけてお化粧をするよりも、内側から発散するような美しさを生かすほうが、ずっと魅力的だと思います。

もちろん、歳を重ねれば、若い頃とはまた違って、きちんと化粧をすることも身だしなみのひとつとなるでしょう。

念入りに化粧をしているように見えなくても、じつはその日会う相手に敬意の気持ちを表してきちんと「整えている」――。そうした心がけが、身だしなみの本分なのではないかと感じます。

## 心の距離を簡単に縮めない

言葉というものは、時代をとてもよく表すものです。

世の中の物ごとのテンポがすべて速くなっている昨今は、言葉にもその流れが押し寄せてきているような気がいたします。

古い考え方だと思われるかもしれませんが、私は近年、言葉の簡略化がとても気になっています。

古くはパーソナルコンピューターを「パソコン」と略したり、最近ではスマートフォンのことを「スマホ」と略したり。長くて話しづらい言葉が略されるのは仕方ないとも思う反面、世の中のテンポによって言葉が本来持つ意味が失われてしまうのは、とても残念なこと。

また、心の距離が近づくほど親しくもなっていないのに、馴れ馴れしい話し方で人と接される方がいますが、私はそれにも少し違和感を覚えます。これも、スピード化が進むご時世、手順を踏まずに親しくなるための方策なのでしょうか。ただ、特に仕事などのフォーマルな席では、くだけすぎた言葉づかいをしていると、その場の空気が乱れるような気がするのです。

相手との関係性を見ながら、少しずつ距離を縮めて、話し方を変えていくことは決して悪いことではないでしょう。

ただ、流行っているからというだけで言葉を略したり、ことさら馴れ馴れしい話し方で人と接したりというようなことが、そのままぞんざいな振る舞いにもつながっていきませんようにと、老婆心ながら考えてしまいます。

## 日本の美しい言葉を守る

大阪弁に、どのようなイメージを持たれているでしょうか。もしかしたら、ちょっときつめの物言いで、ぞんざいな言葉、という印象を持っておられる方も多いかもしれません。

ただ、大阪弁といっても地域によってさまざま。私の好きな言葉に、船場《せんば》言葉があるのですが、大阪出身ということもあって、そのはんなりと温かさがこもった美しい響きを聞くと、なんともいえず心地がいいのです。

四〇代の頃、大阪の船場を舞台にしたテレビドラマで、作家の茂木草介さんが書かれた作品『けったいな人びと』に出演したのですが、その際に使った船場の言葉が、とても美しかったのが印象に残っています。

私は、藤田まことさんとともに、一家の姉弟を演じました。その際の藤田まことさんが両親に使う言葉が、優しさの中に可愛らしさも感じられて、とても好きでした。

藤田さんのように大柄な男性が両親のことを呼ぶときに「おかあちゃん」「おとうちゃん」と呼ぶのがまず可愛らしい。それに、「そんなことしたらあきまへんで」「○○してはりますか」と、大阪弁特有の敬語を使うところも、親に対する思いやりを感じたのです。

こうした、その土地ならではの言葉や表現は、大阪だけではなく、さまざまな地方に今も残っているものだと思います。最近は、どの地方でも標準語が浸透し、方言が失われつつあるようですが、そうした日本の美しい言葉が、少しでも残っていけばいいなと願っています。

# 言葉に心を込める

仕事柄、人前で話すことが多々ありますが、昔から華やかな場が苦手な私は、緊張して平常心ではいられなくなることがよくあります。

せっかくお引き受けするからには、こんなこともあんなことも話したいと考えて本番に臨むのですが、そんなときに限って、当日になると考えていたことがつまらないんじゃないかと、自分の中で飽きてしまうのです。

そうなったらドキドキして、本番では何を話せばいいのか分からなくなってしまう……なんてことも。

二〇一三年に公開された映画『くじけないで』の宣伝キャンペーン中にも、そんなことがたびたびありました。テレビ番組や舞台挨拶、記者会見など、さまざまなところで話をする機会があり、その都度同じことばかり話すよりも少し違うことを話したほうがいいんじゃないかと試してみるのですが、かえって上手くいかないことがあったのです。

そんなことを繰り返すうちに、何か気の利いたことを話すよりも、そのときに感じている正直な気持ちを話せばいいのではないかと思うようになりました。口先だけでなく、心から発した言葉であれば、たとえ上手く話せなくても、つまらなくても、聞いてくださっている方の心に届くのではないかと。

心を込めた言葉といえば、鮮明に頭に浮かぶ光景があります。

それは、天皇陛下や皇后陛下が被災地を訪ねられた際の光景。ニュースなどで被災者お一人お一人に声をおかけになる映像を目にすることがありますが、声をかけられた方はみんなとても感激した面持ちになっておられます。きっと、両陛下の心からのお言葉が、被災者の方の心に深く届いているからでしょう。

特別なことを話そうと気負わず、感じたままの心からの言葉を送る。それが、相手の心に言葉を届けるための秘訣なのかもしれません。

## すべての始まりは、挨拶から

都会に暮らしていると、隣近所の方と顔を合わせても、ひと言も声もかけ合わないという方がいらっしゃるかもしれません。とても寂しいことではありますが、見ず知らずの人がいったいどんな人なのか分からないまま、声をかけるのが怖いというのも、よく分かります。

とはいえ、挨拶は、人と人とのすべてのコミュニケーションの始まりでもあり、つながりのきっかけでもあります。やはり、日々の生活の中で大切にしていきたいことのひとつですね。

私は毎朝、犬と一緒に散歩に出かけるのですが、そのときにお会いすると、面識のない方でも必ず「おはようございます」と声をかけるようにしています。毎日そうしていると、最初は戸惑った感じで軽く会釈するぐらいだった方でも、いつの間にか習慣になって、今では私が気づくよりも先に気づいて、向こうから声をかけてくださるようになった方もいらっしゃいます。

また、散歩中にしょっちゅう挨拶を交わしているうちに顔見知りになった方が、趣味で始められた俳句を書いたカードをくださったことも。こうしたコミュニケーションは、いずれも朝の挨拶から始まったこと。とてもうれしいですし、朝から大変清々しい気分になれるものです。

インドやネパールの挨拶で、「ナマステ（ありがとう）」と言いながら、手を合わせる挨拶がありますが、私は拝むという行為に相手の幸せを願う気持ちが込められているような気がしてすごく好きです。何かこうした挨拶が、日本にもあったらいいのに、と旅をするたびに思います。

そう考えれば、挨拶もやはり人のことを気づかって発せられる言葉だから、相手の心に気持ちよく響くのでしょうね。人と人との関係がどんどん希薄になっている時代だからこそ、せめて挨拶をしているほんのわずかな時間だけでも、相手の幸せを願う心を込められたらと思います。

## 就寝前に静かな祈りの時間を持つ

私は、幼い頃の数年間を祖父母の元で暮らしました。

その頃、祖母は、母親とはまた違った祖母なりのしつけをしてくれました。その中でとても印象に残っていることがあります。それは、眠る前のお祈りでした。必ず眠りに入る前に、手を合わせて神様に挨拶をしてから寝なさいと、教えられたのです。

幼い私にとって、神様と聞いて思い浮かんだのは、若くして亡くなった父でした。それで毎晩、今日あった出来事の反省や失敗したと思うことなどを父に話しかけて、最後は手を合わせて「おやすみなさい」と挨拶するのを習慣にしていました。

小さな子どものことですから、面倒な日や眠くてたまらないときなどは、申し訳程度に手を合わせただけだったこともありました。でも、その日一日あった辛いことや、悲しい出来事などを父に報告するこの習慣があったおかげで、嫌な感情を帳消しにして翌日まで持ち越さないようにすることができたのです。

それと同時に、いつも神様が見ているから、悪いことをしてはいけないし、嘘もついてはいけない。毎夜手を合わせていると、そんな思いも自ずと芽生えてきました。祖母はきっと、子どもの私に、そのことを教えたかったのではないでしょうか。

今ではほとんど聞くことがなくなりましたが、かつては「お天道様が見ているから、恥ずかしいことはできない」という言葉をよく使いました。

いつもどこかでお天道様が見ていてくれる——。

そのことに感謝して時折手を合わせてみる。そうした感覚を忘れなければ、品位や品格というものも自ずと保たれるのではないか、という気がいたします。

## お礼状はその日のうちに出す

女優として早く社会に出た私に、母が口酸っぱく言っていたことがありました。それは、お世話になった方へのお礼の気持ちをきちんと示すこと。

母はとても筆まめで、私が仕事でしばらく家を離れて過ごすときには手紙を送ってくれましたし、会えない誕生日にはバースデーカードが届きました。

そんな母でしたから、私が地方へ撮影などに行くと、「あの方にお便りは出しましたか？」「あの方へのおみやげを考えていますか？」などと、しょっちゅう知らせてくれたものです。

母には遠く及びませんが、私も親しい方のことがふと思い浮かび、手紙を書きたくなることがあります。

私は、手紙や贈り物など、相手への気持ちを示すときに大切なのは鮮度だと思っています。何か思いついたとき、思い立ったときに、ぱぱっと書いて、すぐに出す。そうすれば、そのときの新鮮な気持ちが相手へ届けられるような気がするのです。

ところが一旦書き終えたものを後で読み返したり、考え直したりして時間をかけると、体裁は整っていても形だけの言葉になってしまうような気がします。

そうはいいながらも、旅先でおみやげを買うときは、頭を悩ませることばかりで……。選んでいる最中は相手のことを考えてよかれと思っているのですが、帰ってきて考えてみれば、なんだかつまらないもののような気がしてくるのです。せっかく買ってきたのに、渡しそびれたままで、結局渡せなかったということもこれまで多々ありました。

でも、品物がなんであれ、出かけた方が旅先で自分のことを考えながら何かを買ってくれるだけでうれしいものですよね。

ですから、手紙も贈り物も、そのときの気持ちをそのまま相手に届けようとする、鮮度が肝心なのでは、と自分自身にも言い聞かせています。

# 年齢を理由に諦めない

ある程度の年齢になれば、何かを始めようと思い立つ前に、「今さら遅いのでは」という気持ちになりがちです。

私も、そんな風に思うことがありました。でも、それは人生の可能性をせばめてしまう、とてももったいないことだと感じています。

私は数年前から、庭にビオトープ（143ページ、巻末写真参照）を造っています。その計画を始める前、実は随分長い間悩みました。ビオトープというのは、地道に自然を造っていくものなので時間がかかります。とても興味があるものの、これから何年生きていられるか分からないのに、今から造っても無駄かなとも思ったのです。そんなある日、そのことを話した友人が「やるべきよ、やらないよりずっといいじゃない」と強く後押ししてくれました。結局、そのおかげもあって、私はビオトープ造りを始める決心ができたのです。

今現在も、造っている最中ですから、生きている間に私が思い描くような光景を眺めることはできないかもしれません。でも、ビオトープを造るという新しい挑戦は、これまでに十分すぎるといっていいほどの感動をもたらしてくれました。めだかや蛙、虫たちが集まってくるのを眺めていると、童心に帰ったようなわくわくとする気持ちを味わうことができて、今ではあのときの決心が間違っていなかったのだと実感しています。

考えてみれば、どんな年齢の方でも、先のことは分かりません。何かを始めても、もしかしたら志半ばで、終えてしまうこともあるでしょう。でも、だからといって臆してしまい、そこで諦めてしまえば、人の可能性はそこで止まってしまいます。

たとえ最後までできなくても、その過程で得られる喜びを噛み締めなから、新しいことへの挑戦を楽しみたいと思っています。

## 簡単に物を捨てない

ひと頃、身辺を整理するために、物を捨てることがもてはやされたことがありましたが、私はその風潮には賛同しかねました。というのも、人が使う〝物〟には心が宿っているのではないかと思うからです。

歳を重ねるほどに身の回りの物を最低限に減らして、できる限りシンプルに生活すること自体は、私も大賛成です。だからといって、自分が好きで手に入れておきながら、飽きたり、古くなったりしたら、いともあっさりと捨ててしまう。それでは、その物に対して失礼だし、あまりに身勝手だとも感じます。

第一、代わりが利くものだから、どうせ間に合わせで買ったものだから……などと、人の都合だけで処分できる物に囲まれているとしたら、幸せな生活とはいえないのではないでしょうか。

本当に気に入って手に入れたものなら、たとえ長年使うことでぼろぼろになってしまったとしても、修理しながら、大事に使っていくことができるはずです。

私が幾度となく修理しながら使っている物を見て、周囲の人から「気に入ったものは、本当に物持ちがいいね」と言われることがよくあります。

例えば、我が家には、私が初めていただいた給料で購入したアンティークの家具が今もあります。美しい彫刻があしらわれていて、当時とても気に入って買ったものです。月日を経て、もともとの本棚から食器をしまう棚へと当初の役割を変えてはいるものの、ふと目にするたびに、初めて給料をもらって、弾むような気持ちでこの家具を買った当時の懐かしい思い出がよみがえってきます。本来心を持たない〝物に心を感じる〟のは、そんなことがあるからかもしれません。

ですから、何か物が必要なときには、十分に吟味して、手に入れたら心があるものと同じように大事にする。それでも、どうしても不要になってしまったものは、人に差し上げるなどして、なるべく簡単に捨てないように整理することを心がけています。物が溢れる時代だからこそ、自分なりの物との関わり方を、心に止めておきたいですね。

## 不便なことから知恵が育まれる

物ごとのスピードが速まって、めまぐるしくときが過ぎていく時代。

いつも、何かに急かされているような気持ちになるのは、私だけではないと思います。

物質が満たされたことで、確かに生活はより便利に、より楽になりました。しかし、便利や楽が過ぎることで、人間の能力が退化し、質が劣っていっているのではないかと、恐ろしくなることがあります。

かつては、自分の家はもちろんのこと、親戚や友人などの電話番号は空でいえる人が多かったものです。しかし、携帯電話がすべてを記憶してくれるようになってからは、自宅の番号すらすぐに思い出せない、という話をよく聞きます。

また、目的地まで案内してくれる自動車のカーナビゲーションが普及したことで、地図を見ながら、目的地までのルートを考えることもなくなりました。まったく知らない土地への道程を、あの小さな機械ひとつで知ることができるのですから、ドライバーにとってはとても便利です。

しかし、不測の事態が起きた際に、機械に頼りすぎていると、臨機応変に対応できなくなってしまうこともあるでしょう。指定のルートから外れてしまったり、渋滞で立ち往生していたりといった事態が起きた際、機械の指示がなくては、前にも後ろにも進めなくなってしまう。

地図を確かめながら運転していた時代なら、たとえ間違えたとしても、東西南北さえ把握できていれば、想像力を働かせていかようにでも対処できるのに……と、思います。

このように、便利な機械に頼り切っていると、ふとしたときに、生活の中で育んできたはずの知恵が失われていることに気づき、どきっとします。本来、生活の知恵は、歳を重ねるとともに養われ、熟成されていくもの。そして、年長者は自分よりも若い世代の人々に、その知恵を伝えていくものです。

そのためには、ただ与えられるがままに、便利に流されるのをよしとしないで、その〝便利〟は本当に必要なのかと、ときには立ち止まって見極めたい。そして、知恵を失わないために、たとえ時代の流れに逆行しているとしても、なるべく不便なことを選んで努力しながら暮らしていきたいと思うのです。

## 感動は自ら見つけに行くもの

人は悲しいかな、歳を重ねるほどに、感動をすることが少なくなっていくものだと思います。そうして、瑞々しい感性が失われていく……。それはとても寂しいことです。ただ、心の持ちよう次第で、日々の暮らしの中に感動を見つけることはできるはず。歳を重ねたことに言い訳をせず、何気ない日々の中で感受性を働かせて、小さな感動を見つけられたらと思います。

　そうはいっても、毎日同じことの繰り返しで、新たな感動なんて出合いようがないと思ってしまいがちですよね。でも、ごく最近、庭に植えた小さな花が私にちょっとした感動を与えてくれたことで、やはり気持ちの持ちようなのだと改めて感じさせられました。

　私は、母が亡くなってから、母が好きだった花を庭に植えているのですが、今年の夏、ほとんどの葉っぱが毛虫に食べられ、枯れたようになってしまったのです。花にはかわいそうですが、毛虫が蝶々に成長するためには、仕方がないのかなと一旦は諦めていました。しかし、そんな私の心境に反して、新しい元気な葉っぱがむくむくと生えてきたのです。小さな植物の懸命に生きようとする力を目の当たりにして、うれしくなりました。

そうした小さな出来事でも、心は潤うものですよね。感動を覚える生活をするには、見逃してしまいそうなことにも目を向けてやること。小さな花からそんなことを教えられたのです。

また近年は、少し無理をしてでも感動を探しに行くことを意識的にしています。それまでは、大好きなクラシックのコンサートに誘われても、次の日に仕事があるから前日は夜遅くなりたくないと考えてお断りすることが多かったのです。でも、多少の寝不足は、気分次第でなんとか乗り切れるもの。それで、よし、行ってみようと積極的に出かけるようになりました。

コンサートに行くと、素晴らしい音楽や才能と出合うことができ、必ず新しい発見があります。そうした感動を得ることは、何ものにも代え難いですから。

明日のことを考えて、億劫になったり、躊躇《ちゅうちょ》したり……。きっと、誰にでもあることですよね。でも、ちょっとだけ無理をして重い腰を上げてみる。そんな心がけで、いくつになっても、心が震えるような新たな感動を見つけられるのではないでしょうか。

## ときには苦言も思いやりのひとつとなる

幼い頃、親元から離れた生活をしていたせいでしょうか。私は人のことを気にしてしまいすぎるところがあるようです。そのため、少々嫌な気分になっても、ぐっと飲み込んでしまうことが多いのです。

ただ、大切だと思える人とのおつきあいにおいては、あえて苦言を呈したり、言いづらいことを伝えたりすることが、相手への愛情になることもあるのだと思います。

先日、愛猫が病気になった友人からのファックスに、「うつで、ノイローゼで……、電話で話もできない」と書かれていました。そこで、「動物を飼っている以上、悲しい別れは避けられないこと」、「辛くても殻に閉じこもったままではなく、自分から窓を開けて出てきたほうがいいということ」を伝えました。

心が傷ついてしまった友人に、よしよしと優しい言葉をかけるのは簡単です。しかし、それだけでは、彼女の心はいつまでも閉ざされたままになるような気がしたのです。

その後、私がとても大切にしていた犬のぬいぐるみを彼女に送りました。ぬいぐるみというと、ちょっと子どもっぽい印象があるかもしれません。ただ、このぬいぐるみ、声を出すちょっと変わったぬいぐるみでして、「大好きよ」と、本当に心がこもった言葉を発するのです。夜、眠りにつく前に、私はこのぬいぐるみのその言葉に、何度も心を慰められたことがありました。

落ち込んでいる友人にかける言葉は、本当に難しい。単に優しくして元気づけるのはもの足りないような気がしますし、かといって発破をかけすぎてもかわいそうだし……。私自身、何が正解か、未だに答えを見つけることができません。

ただ、本当に大切な相手には、多少相手に耳の痛いことでも、誠意をもって伝えることで、それが、いつか相手の心に届くのではないでしょうか。そう期待しながら、友人が元気になるのを心待ちにしています。

# 第二章

# 仕事と向き合うときの心構え

# 深く、静かに潜航する役者でありたい

スポットライトに照らし出されるよりも、山の中で自然に包まれて過ごしているときのほうがずっと居心地がいいし、心も解放的になれる。そんな自分は本当に芸能界に合っているのだろうか――。

そう思いながら、これまで女優を続けてきました。そのため、私には、この世界で仕事をしながらも、華やかすぎる世界と一線を引いてきたようなところがあります。

結婚を機に、一度は芸能界を引退しようと覚悟したこともあります。一度仕事を止めようと決意したこともあって、それまでのように女優の仕事に情熱を傾けられず、複雑な思いを抱えたこともありました。

しかしそんなとき、主人の「これからは女性も仕事を持っていたほうがいい時代」という言葉に励まされ、また当時契約をしていた映画会社も、あと一年契約しようというお話をくださいました。そうしてなんとか今日まで女優を続けてこられたのは、今から思えばとても幸せなことです。

あるとき、どんな女優になりたいかと尋ねられて、咄嗟に「深く静かに潜航せよ」というフレーズを思い出して、そんな女優になりたいのだとお話ししたことがあります。

このフレーズに、ピンとくる方も多いのではないでしょうか。そう、一九五〇年代後半のアメリカの戦争映画のタイトルです。

戦時中の潜水艦の乗組員たちの物語ですから、もちろん人のことを表す言葉ではありません。でも、どこか私の「こんな風になりたい」という内面を表している言葉のようで、心のどこかにひっかかっていたのでしょう。

決して派手さはないけれど、深く、静かに人の心に染み込んでいくような演技ができる女優になりたい。なんだか、言葉にすると自惚れているようで少々恥ずかしくもあるのですが、そうした思いを大切にすることが、女優としての自分らしさなのではないかと思っております。

## 正解がないものこそ追求できる

ほんの数秒前まで共演者やスタッフと話をして大笑いをしていたはずなのに、「本番！」という声がかかった途端、別人のように役に入り込むことができる——。

〝女優〟という職業に、そんなイメージを持っておられる方も多いのではないでしょうか。

女優の中には、世の人が思い描くイメージのままの切り替えが上手な方もやはりいらっしゃいます。現実の自分と役の自分との間を自由自在に行き来するかのように、器用に切り替えられる。そのあまりに鮮やかな変わりように、同じ職業ながら見事なものだと感心してしまうこともあります。

しかし、どうやら私はそうした器用なタイプではないようです。

今この瞬間は演技をしている自分、そして次の瞬間は現実の自分。そんな風にはっきりと割り切れないからなのでしょう。

休憩の時間になると、作品とは異なる話題で出演者やスタッフと盛り上がることもたまにはありますが、実は上の空だったりすることも。私の場合、なるべく役の人物からは離れないように、ひっそりと時間が過ぎるのを待っているほうが楽なのです。

ですが不思議なことに、仕事が終わって一歩でも家に入ると、役を引きずることがまったくありません。仕事の現場では、演じていないときでさえも、恋人役の俳優に本当に恋をしているような気分になって、素敵だなと心をときめかせている自分が確かにいるのです。ところが撮影が終わって家に帰ってみると、きれいさっぱりとそんな気分は消え去っているのですから、我ながら薄情なものですね。

役と自分との向き合い方と同様に、役の作り方も俳優によってさまざまなアプローチがあるようです。

私の場合は、この人は今どんな風に考え、何を感じ、なぜそんな言葉を発するのかと、自分と演じる役との距離を少しでも縮めようと対話を進めていきます。そうして役について深く、深く思いを馳せるうちに、やがて自分の中に役が入ってくるのか、自分が役の中に入っていくのか、どちらともつかない感覚になるときが訪れるのです。

そうなったときに初めて、どう演じたら効果的か、感動的か、などと邪心を持つことなく、役の人物になったつもりでその作品の中で生きていけるような気がします。

これはあくまで私の方法ですから、役との向き合い方にどの方法が正しくて、どの方法が間違っているというのはありません。というのも、演技には明確な正解というものがないからなのでしょう。

役を生きるということは、とても面白い反面、悩みも深い。観てくださる方の感想は千差万別ですから、どれだけ経験を積んでも、自分では納得できる演技だったと手放しで喜ぶことができないものです。

だからこそ、役者は確かな正解を追い求めながら、与えられた役と向き合い続けていくものなのかもしれませんね。

## 演じることは、人の人生と真摯に向き合うこと

私は女優に向いていないんじゃないか。

そんなことを幾度となく感じながらも、初めて宝塚の舞台に立った日から、この仕事を続けてまいりました。

その間、自分の力不足を嘆いたことも、一度や二度ではありません。それでも続けてこられたのは、やはり女優として、演じることが純粋に楽しかったから。そして、その気持ちが途絶えなかったからでしょう。

では、演じることの面白さとは何か。

あえてひとつだけ挙げるなら、自分の人生とは違う人生を生きられるということでしょうか。

小説を読んでいると、登場人物の心理状態を通して、自分では思いも寄らない考え方があるのだと気づくことはありませんか。そんなとき、とても新鮮な気持ちになるものですよね。役を演じることは、そうした気づきを得るために、より深く、細かく、人物について考えることなのではないかと、私は考えています。

自分とはまったく異なる人生を歩んできた人物になろうとするのですから、その人物の一瞬、一瞬の心の動きを誠心誠意掘り下げてみる、真摯な姿勢が必要になるのです。

脚本をいただいた最初の印象では自分とは正反対の役柄だと感じても、根気よく探していると必ず共感できる部分や自分と似ている部分があることに気づきます。ああ、この部分なら、私と考え方が似ているから気持ちが分かるなぁと。そんな風にして、役との距離がわずかずつでも縮まってくることで、役がどんどん愛おしい存在になってきます。

そして、演技をするときに最も心がけているのは、人をリアルに演じること。

宝塚時代、ラジオドラマに出演させていただいたことがあるのですが、その作品の構成作家をなさっていた内村直也先生に、その大切さを教わりました。

ただ歌を歌っているように話すのではなく、そのときどきの気持ちの動きを、リアルに表現するための話し方とは、どのようなものか。そのとき、初めて意識したリアルな表現に、大変感銘を受けたのを覚えています。それが、私の映画やドラマの芝居の原点にもなっているのです。

宝塚歌劇には、独特な芝居や台詞《せりふ》回しがあります。ついそこに耳がいってしまいがちですが、その根底にあるのはリアルな気持ち。演じる人物のその部分が分からなければ、観てくださる方に伝わらないのだと教えていただきました。そのとき初めて、芝居というのはそういうものなんだ、と摑めたような気もするのです。以来、それを忘れないでおこうと芝居を続けてきました。

自分なりに気持ちよく演じられたことや、それによって評価をいただけたことも、演じる上でのやりがいや達成感につながることは確かにあります。しかし、私が演技の面白さに魅せられるのは、見知らぬ人の人生を垣間見ることで新たな発見をして、視野が広がっていく、その感覚に惹かれるからなのだと思います。

## たとえ人が見ていなくても最善を尽くす

テレビや映画、舞台と、仕事を長年続けているとさまざまな役と出合います。普段の自分とはかけ離れた役を演じるのは、俳優にとって、とても楽しいものです。けれどその分、試練を味わうこともあります。

例えば、これまで指一本触れたことがない楽器を、さも上手な弾き手に見えるように、撮影までのほんのわずかな時間で準備するという、無謀とも思える課題を与えられることがあるのです。

人には限界がありますから、リクエストする監督も、完璧にこなせなくても、なんとか形にだけなればいいと思っておられるのでしょう。ところがそんなときの私は、手を抜かず、どうにかして与えられた課題をやり遂げたいという気持ちが膨らんできます。

例えば、芸者の役をいただいたときのこと。〝先輩の芸者さんが三味線の稽古をしているのを見ていて、あまりに下手で思わず噴いてしまう〟というシーンを演じたことがありました。

それをその先輩の芸者さんに見つかって、「あんたがやってみなさい」と叱られるのですが、そこで私が見事に弾いてしまう——、と脚本に書かれているのです。三味線の経験はありましたが太棹の経験はほとんどなかった私は、さぁ大変なことになったぞ、と思うわけです。

短いフレーズではありましたが、完全にこなすとなると難しい。それでも、なんとかその曲を自分のものにしようと、徹夜で練習をして撮影に臨みました。その練習が功を奏して、本番では自分でもうれしくなってしまうほど上手くできました。作家も喜んでくださって、その後に面白い役をいただくことにもつながりました。

またあるときは、こんなこともありました。

テレビドラマでドビュッシーの「月の光」をピアノで弾くシーンがあったのです。ご存じの方も多いかと思いますが、「月の光」の独特で幻想的なメロディを表現するのは容易ではないですよね。

でも、カメラに映るほんの数小節だけでもきちんと弾けるようになろうと決意。何度もその部分だけを家で練習しましたが、それはもう難しくて。

そうしたら、家政婦さんがずっと聴いていたようで「なんか、やっとメロディになってきましたね」と。きっと、同じ部分を延々と聴かされて、それもなかなかメロディにならないのですから、もどかしかったのでしょう。

この曲は、多くの鍵盤を指で押さえなくてはいけないのが難しいのですが、途中、知人に「これでいいかしら?」と相談したら、「ああ、それは難しいからそこまですべて押さえず、少しごまかしてもいいんじゃないですかね」と簡単に言われて。そうすると、余計にちゃんと弾きたいという思いが燃えてきまして……。

結局、なんとかその数小節が弾けるようになりました。その甲斐あって、撮影の本番の日、一所懸命弾いてそれなりに形になって胸をなでおろしたのです。

さて、無事に弾き終わり、その流れで芝居のことを考えはじめていたら、なんとカメラがぐぐぐっと寄ってくるじゃありませんか。あららら……、残念ながら、一所懸命練習したところは、何も映らなかったのですね。難しい部分が映らなくなってほっとした反面、毎日のように練習した成果がドラマに残ることがなくなって、やっぱり少し拍子抜けしてしまいました。

芝居をしているわけですから、仕方ないですよね。でもせっかくの機会だから、そこだけは自分のものにしようと、弾いた指を忘れないようにと思っていたのですが、残念ながらしばらくしたら思い出せなくなってしまいました。

陰の努力というものは、誰かが見ていてくれて報われることもありますが、逆に誰の目にとまらないこともままあるものです。

ドビュッシーのピアノの一件も、完璧に楽器を弾きこなすことまでは求められていなかったのかもしれない。でも、だからといって、その場を適当にやり過ごしたとしても、私の心が晴れることはなかったでしょう。それに何より、私にとっては初めてのことに挑戦し、それができるようになったと思えるのが、楽しくもあったのです。

たとえ自己満足だったとしても、自分で納得できたら、誰に認められることはなくても気持ちは晴れやかになるものではないでしょうか。

撮影と割り切って、必要なことだけを準備する要領のよさがあればと感じることもあります。でも、そうはなりきれない真面目な性分も私らしいのではないかと自分では思うのです。

## 主人が教えてくれた〝まあまあ　ふうふう〟の精神

私の主人は映画監督でしたから、彼から仕事に関する助言をもらっていたのだろうと想像される方もいらっしゃるかもしれません。

しかし、私が求めない限り、主人が私の仕事について何か助言めいたことを話すことはありませんでした。役者の世界は正解のない世界ですから、私が答えをほしがったとしても、答えるのが難しいということもあったでしょう。

良かったと思う作品には「とってもいいドラマだったね」と褒めてくれることもありましたが、私に対してあれこれということはやはりありませんでした。私としては、「で、私はどうなの？」と聞いてみたり、良いときは褒めてほしいという気持ちもあったのですが、結局言い出すことができませんでした。

そして困ったのは、特に自分の演技がどうも納得できないとき、一番観られたくないのが主人なわけでして……。主人にはなんとしても、そのような部分だけは見せたくなかったのです。

だから最初の頃は、家で一緒にテレビを観ているときに、私が出演しているドラマが始まり、気に入らないところや、納得のいかなかった場面が流れはじめると、決まって素知らぬ風を装ってテレビの前を歩いたり、音を小さくしたりして、私はなんとかごまかそうとしたものです。

でも、結局はばれてしまう。そのうち、主人に無言でぎゅっと腕を掴まれてしまって……。滑稽ですよね。でも、本人は大真面目なんです。

最も近くで私と接していた主人からしてみれば、私にはこんな役柄が向いている、こんな風に演じたらいいなどと、きっと彼なりの思いはあったのではないかと思います。

それでも、彼が私にあれやこれやと伝えようとしなかったのは、私が女優という職業を自由に続けていくための、監督としての思いやりだったと思うのです。今となっては、そんな風に振り返ることもあります。

そんな主人が、折に触れていっていたことがひとつだけあります。それは、撮影現場に行くときには、よく眠った状態、機嫌のいい状態で、素直にカメラの前に立つことです。

役作りをしたり、演技のプランを考えていくことも大切ですが、あまり自分自身でイメージを固めてしまうことなく、監督の前で何色にでも染まる気持ちが大切なのだと話していました。

映画の現場での俳優は、監督が思い描く一枚の絵を完成させるための、数ある絵の具のひとつで、こういう色がほしいと監督から注文されたら、すっと入っていける状態でいなくてはいけません。主人のその言葉に共感し、撮影現場に入るときには、できる限り健やかに、そして素直な気持ちでいるように心がけてまいりました。

そしてもうひとつ、主人がかけてくれた忘れられない言葉があります。

宝塚出身の私が映画に出演するようになり、慣れない現場で固くなりがちだったことに気づいていたのでしょう。それをほぐすために、主人が中国語の「馬馬虎虎《まあまあふうふう》」という言葉を教えてくれたのです。この言葉の意味は、いい意味でいい加減に。肩に力を入れすぎず、ちょうどいい具合に力を抜くといい、というニュアンスでしょうか。主人から教えてもらったこの言葉は、緊張しやすい私にとっては、とても心強く、頼もしいものでした。

〝まあまあ　ふぅふぅ〟。

なんともいえない可愛らしい響きも気に入って、今も緊張する場面に直面すると、呪文のように念じています。

## 丁寧に向き合う時間が豊かな結果につながる

近年、ものすごいスピードで世の中が変化しています。何ごとも便利になったものだと思う反面、そのスピードに合わせようと、みんなが少し急ぎすぎているような気がしてなりません。

私自身、こんなに速く過ぎていってもいいのかなと時折思いつつも、さっさと駆け足で歩かなくては、おいてきぼりになってしまいそうな不安を感じてしまうこともしばしばです。

ご多分にもれず、映画やテレビなどの作品づくりでも、そんなスピード化の波が押し寄せてきているのを肌で感じるようになってまいりました。限られた制作日数で作品を作るために、撮影現場ではスムーズに撮影することが最優先されることが多い。役者たちは作品に合わせて、完璧に役づくりをした上で現場に臨むため、順調に、流れるように現場での作業が行われます。役者一人ひとりがしっかりと準備をして撮影に臨む。そのこと自体は、すばらしいことだと思います。

でもその一方で、何もないところから、試行錯誤して作品を創り上げていく醍醐味が失われつつあるようで、昔のことを知る人間にとっては、ちょっと寂しいような、味気ないような気もいたします。

芝居は一人で作るものではなく、本来は相手との関係性の中で探り合ったり、ぶつかり合ったりしながら、創り上げていくもの。相手が役柄をどう受け止めて、どのように演じるかによってそれを受けた側の演技も変わるのが自然です。ですから、相手のお芝居に呼応することで、自分でも思いがけない演技が引き出されることもあります。

そんな奇跡のような一瞬に出合うためには、互いの意見を尊重しながら時間をかけて進めていくことも、必要なのだと思うのです。

このご時勢ですから、効率化もやはり必要なのだと理解しなくてはいけない。しかし、たとえ少し時間がかかってしまったとしても、相手と呼吸を合わせながら、芝居をともに創り上げていく。そんな風に、ときには立ち止まったり、少しスローダウンしたりしながら、人や仕事と丁寧に向き合う時間を大切にできたらと願っています。

## 喧々《けんけん》諤々《がくがく》のディスカッションを大事にする

何ごとも効率化が求められる現場では、暗黙のうちに争いごとを避けてしまいがちです。

特に最近は、若い俳優の皆さんも、難しい役でも難なくこなされて、見事だなぁと感心させられます。ただ一方では、仕事にスピード感が求められる現場だからこそ、余計な波風を立てないように、何か思うことがあってもすっと通り過ぎてしまう。みんなが行儀良くなりすぎているような印象も受けます。

かつて、テレビがまだ白黒だった時代、ディスカッションが多いことで有名な連続ドラマに出演させていただいたことがあります。撮影のためのディスカッションをしていると、必ず深夜一二時を過ぎてしまうのです。こんなに遅くまで話し合いをして、明日の撮影はどうするんだろうと思うこともしょっちゅう。堂々巡りの話の展開にしびれを切らして、

「結局やるんですか？　やらないんですか？」とお尋ねしてしまったこともありました。

時間はかかりますし、相当の体力や気力が必要で、当時はみんなそれはもう必死でした。それでも、みんなが一所懸命で、納得できるまでスタッフや俳優の垣根なく全員がどんどん言い合う環境が整っていたことは、今から思えばとても贅沢な現場だったのだと、懐かしく思い出されます。

ところで、何ごともスピードが求められるようになった昨今ですが、珍しい出会いがありました。二〇一三年に出演させていただいた映画『くじけないで』の深川栄洋監督です。

私は、ちょっとひねくれているのかもしれませんが、すんなりと「それでいい」と言われると、額面通りに言葉を受け取れなくて、本当にそれでいいのかな、と心配になってしまうところがあります。

その点、深川監督は、撮影中に「うーん」といろいろ考えられて、いろんな注文をしてくださる方。初めに、「今の、とても良かったです。でももうひとつ、これが加わるともっといいんですよ」と言って、相手がやりたくなる気持ちを引き出すのがとても上手なのです。本当はもう二つも三つもあるんだと思いますが……。

私は、「それでいい」と言われるよりも、もっと注文してもらうほうがなぜか安心するのです。何より監督との話し合いによって作品がよりよいものになっていくことが「仕事をしている」という実感にもつながってうれしかったのです。流れ作業ではなく、監督と俳優が一緒になって物を作っていく過程が好きなのでしょうね。

よりよい作品を作るために、互いが納得できるまでとことん話し合う。そんなディスカッションの力を改めて感じる今日この頃です。

## 誰もが必ず持つ〝宝物〟に目を向ける

俳優の世界というと、妬みなどで足の引っ張り合いも日常茶飯事。そんなイメージを持っておられる方もいらっしゃるのではないでしょうか。

ところが、これまでを振り返ってみると、宝塚で女優としての一歩を踏み出してから今まで、いじめられたり、足を引っ張られたりというような経験をしたことが一度もありません。私が入った頃は、春日野八千代さん、越路吹雪さん、乙羽信子さん、淡島千景さんなど、大スターが活躍していらっしゃいましたが、皆さん本当に優しく接してくださいました。

また、映画の仕事を始めた頃、右も左も分からない私を、錚々《そうそう》たる先輩方が現場でとても温かく見守ってくださいました。ぼんやりとした性格の私のことを「大丈夫かな、この子？」と心配してくださっていたのかもしれませんが……。

思えば、恵まれた環境の中で、伸び伸びと仕事をさせてもらってきたのだと今さらながらありがたい思いでいっぱいになります。

先輩方からはたくさんのことを教わりましたが、中でも名脇役としてご活躍された先輩女優、三益愛子さんと舞台でご一緒したことは、大変印象に残っています。きびしさの中に優しさもある方で、一ヵ月間、稽古で同じ時間を過ごす際に、よく面倒をみてくださいました。

そんな風によくしてくださった三益さんとの舞台の際、私は公演中に二度の失敗をしてしまったことがあります。楽屋に次回作の台本が届けられたとき、その台本についつい夢中になって読みふけってしまい、あやうく出とちり（出番に間に合わないこと）になるところだったのです。その後、運悪くもう一度同じような失敗をしてしまい、一度目は何もおっしゃらなかった三益さんから、「あなた二度はないわよ」と、注意を受けたことをよく覚えています。

なんとか舞台の進行に影響はなかったものの、大先輩の前で一度ならず、二度も失態をおかしてしまったのですから、我ながら、大した度胸だと今思い出しても、汗が噴き出してきそうな思いがいたします。

そんな三益さんが、おっしゃっていた言葉に、大変印象に残っているものがあります。「人の芝居を下手だなと思うこともあるかもしれない。でも、どんな人でも、ひとつだけ誰にも負けないいいものを持っている」というものです。

誰でもひとつは宝物を持っているのだから、決して、あの人は駄目だなと烙印を押したり、また自分自身も駄目だなと落ち込んだりする必要はないのだと。

私に直接かけてくださった言葉ではありませんでしたが、何気なく耳に入ったこの言葉に、私自身大きな勇気や励ましを与えてもらいました。

撮影現場には、それこそ大御所といわれる方から、演技を始めたばかりの新人まで、さまざまな俳優が集まっています。みんなそれぞれが持つ力量を最大限に生かして芝居をしようと思っているわけですが、やはり最初から上手くいくわけではありません。

ベテランの方が、経験の少ない若い方の演技に納得できず、眉をひそめたくなってしまう。演技を他の仕事に当てはめたら、そうしたことはこの業界にかかわらず、あるのではないでしょうか。

でも、相手の悪いところばかりをクローズアップせずに、視点を変えて相手の方の持っている宝物を見つけるようにするほうが、ずっと前向きですよね。それに、自分も穏やかな気持ちで過ごすことができると思うのです。

周りを見渡してみるとお分かりになると思いますが、人には必ず美点があるものです。ですから、相手の欠点に目を向けるのではなく、相手の持っている誰にも負けない宝物を探すように努力すること。このことは、先輩の教えとして、仕事上だけでなく、日常の生活でも忘れないでいたいものです。

## 仕事場ではすべての人が平等

一旦仕事が始まれば、そこに集まるすべての人が平等であることが、作品を作る上では理想の環境だと思います。

監督をはじめ、スタッフも役者も、現場に出ればプロ同士の裸の勝負が始まります。誰もが遠慮することなく、よりよい作品づくりのために全力を出し合うことで、作品の質も向上するはずです。

最近では、現場で最年長ということも多くなりました。

私の場合は、皆さんの前に立って、後輩の役者さんたちをまとめるという性分ではありません。

以前にドラマでご一緒した綾瀬はるかさんは、とても気持ちがオープンで、可愛らしい方でした。次から次へといろんなことに疑問がわくようで、あれこれ尋ねられるままに、お答えしていると楽しく時間が過ぎていきました。

役者さんたちがみんな気持ちよく過ごすことができるのでしたら、そんな風に現場で何かアドバイスを求められることがあれば、私なりの思いを伝えたいと思っています。

ただし、気をつけなくてはいけないのは、自発的に助言をしてしまうこと。よかれと思って発した年長者の私の一言で、かえって距離を作ることにもなりかねないからです。

特別なことは何もできないかもしれない。でも、私が新人の頃に、先輩方が温かく見守ってくださったように、関わるすべての人が居心地のよい場所になるように、少しでもリラックスしやすい雰囲気を作っていくことは、年長者の役割だと肝に銘じています。

## 他者への負の思いは広げない

人が集まると、うれしくなるような素敵な出会いがありますが、その逆でどうしても馬が合わない人、話をしていて疲れてしまう人、といった出会いも必ずついて回るものですよね。

芝居と現実との切り替えがあまり上手くない私の場合、親しくてよくその方のことを知っているよりも、何も知らない白紙の状態のほうがかえって演技に入りやすいこともあります。ですから、馬が合う、合わないということが演技自体にはそれほど影響することはないように思います。

しかし、時折、性格的な問題というよりも、「どうもこの方とは、芝居の波長や質がしっくりと合わない」と感じることがあります。

もちろん人間同士ですから、こうしたことは、誰にでも当然起こりえることでしょう。私自身がそう感じるのですから、相手もそう感じておられるかもしれません。

でも、たとえ合わないと感じたとしても、そうした気持ちを大きく育てると、仕事上でマイナスになることはあっても、プラスになることはまったくないはずです。

どれほど芝居の質や波長が違っても、作品を悪くしようと思っている人はいませんし、みんな作品を良くしようと集まっているのですから。そんなときは、自分自身のつまらない感情が大きく育つことがないように一旦脇に追いやってしまいます。

心の持ち方は自分次第でなんとでもなるもの。特に仕事の上では不要な感情をコントロールすることも、大切にしたいですね。

## 適度な緊張感はプラスに働く

私は子どもの頃から極度な恥ずかしがりや。家にお客様がお見えになったら「こんにちは」と挨拶するよりも、まず恥ずかしくなって母の後ろに隠れるタイプだったようです。

子どもの頃からの、そうした恥ずかしがりで緊張しやすい性格はなかなか変わらないようで、私の場合はどれだけ経験を重ねても、人前で演技をする緊張からは解き放たれることがありません。いざ舞台に上がってしまうと作品の世界に入っていくことができるのですが、舞台に出るまでの緊張感とは、これからもずっとつきあい続けるのだと思います。

特に舞台の初日は、私にはできないんじゃないか、失敗しちゃうんじゃないかなどと思い始めると、ひっくり返るぐらいドキドキとして、緊張は頂点に達します。ただ自分でも不思議なのですが、あまりに緊張感が高まりすぎると、どういうわけか、ぽーっとしてしまい、周りの人からは、どうものんきに見えるようなのです。

山田太一さんのお芝居に出演した際、舞台裏でお会いした山田さんが「僕はお芝居の台本を書く機会はそれほど多くないから、初日はとてもドキドキしますね」と私に声をかけてくださったので、「私もそうです」と答えたのですが、とてもそんな風には見えなかったと後から何かの本に書かれていたのを知ったことがありました。

ものすごくドキドキしているのに、周りからは「いいですね、八千草さんは緊張しないんでしょ」などと言われることもよくあります。それで、「ちょっと触ってみて」と胸に手を当ててもらって、びっくりされたこともありました。

では緊張をほぐすにはどうしたらいいか。深呼吸をするといい、とよくいわれます。でも、本当に緊張しているときには、深く呼吸をしたところで緊張がほぐれないことが多々あるものですよね。結局、特効薬のようなものはないのではないでしょうか。

長年、舞台などに携わってきて思うのは、自分で納得できるまで十分に練習ができておらず、ちょっと中途半端なままで、本番を迎えてしまうと、やはりいつも以上に緊張してしまうということ。きちんと役作りができていれば、どこか「失敗しても大丈夫だ」「たとえ、何か起きてもやりきれる」という強い気持ちを持てる気がするのです。やはり、緊張をほぐすためには、十分な準備と練習以上のものは、ないのだと思います。

矛盾しているように感じるかもしれませんが、そうして十分な準備と練習をしたら、後は多少の緊張感も必要だと開き直ることも、重要な気がします。というのも、緊張が過ぎると本来の力を出すことができず、マイナスに働いてしまいますが、一方で緊張があまりなくても、単に芝居をしているだけでつまらないものになってしまうことがあるからです。一種の興奮状態のような、適度な緊張をもって臨むことで、芝居が生き生きとしてくるものなのでしょうね。

そう考えれば、十分に練習を積んだら、後は緊張感を楽しむのが、理想的なのではないでしょうか。とはいえ、私にも、そんな余裕はなかかなか身につかないのですが……。

## 相手の時間に割り込まないことが手紙の魅力

夕食や入浴を終えてから眠るまでの時間、手紙を書いて過ごすことがあります。近年は、歳を重ねるとともに目がすごく疲れやすくなったので、手紙を書くにも、この方にはまず書かなきゃ、この方には明日でもいいかと、優先順位をつけなくてはいけなくなってきてしまいました。それが少し残念ではあるのですが、相手のことを考えながら筆をとる時間がとてもいいなと思うのです。

メールもあるし、携帯電話もあるし、今どき手紙なんて書かなくても、伝えたいことはいつでも伝えられるのではないか、と思われるかもしれません。

しかし、物ごとがスムーズに進みすぎる時代だからこそ、ちょっと不便なコミュニケーションがあってもいいのではないかと思うのです。

私のほうが話をしたくて電話をかけても、相手は話をしたい気分じゃないかもしれない。それに、今、相手が何をされているかも分かりません。その点、ハガキや手紙なら、何か伝えたいと思ったそのときに、メッセージを綴ることができます。

とはいえ、ついつい持ち歩いたままの日が続いて、ポストに出しそびれてしまった、なんて悔しい思いをすることもちょくちょくあるのですが……。

ただ、届くまでには時間がかかるものの、電話やメールのように相手の生活にとつぜん割り込むことがないのは、手紙の大きな魅力でもあります。

そんな〝一方通行のコミュニケーション〟が、相手を思いやることにもつながるような気がいたします。

## 酒とのよいつきあい方を知る

私は生まれつき、アルコールを分解する酵素を持っていないようです。

そのことに気がついたのは、宝塚時代に生まれて初めてビールを飲んだときのことでした。東京公演の真っ最中、宿舎に滞在していた際に、コップ一杯のビールを飲んだら、じんましんが体中にばーっと出てしまったのです。

当時は、「きっと夕食のサバの煮込みが当たったので、明日は休みなさい」と上級生が言ってくださって、翌日の舞台はお休みして丸一日宿舎で寝ていたことでなんとか事なきを得ました。ところがその後、やはり宝塚のあるお祝いの席に出た際にも、ビールを飲んだら、同じようにじんましんが出てしまった。それで、あのときのじんましんは、サバではなかったんだと、ようやく気づいたというわけです。

それから先は、ほとんどお酒を飲む機会はなくなりましたが、ただ一度だけ、お酒とは知らずにお酒を一気飲みして、周囲を慌てさせたことがあります。『蝶々夫人』の撮影で、ローマのチネチッタを訪れていた頃のことです。

今の日本でも考えられませんが、当時イタリアの撮影現場では、撮影の合間や待ち時間にお酒を含めた飲み物を注文することができました。

撮影が終わりに近づいた頃、子役の坊やがどうしても途中で画面から外れてどこかへ行ってしまいました。何度も撮り直しがあり、いささか興奮状態で、疲れていたこともあったのでしょう。私はそのちょっとした待ち時間に、撮影の現場にボーイさんが運んできた飲み物をコニャックとは知らず、えいっと思いきりよく一気に飲み干したのでした（誰かが撮影の合間に飲もうと、食堂に注文していたものだったのだと後から聞きました）。

飲み干した途端、喉から火が出るかと思うほど、かーっと顔が熱くなりました。「しまった！　えらいものを飲んでしまった」と思ったときには遅かった。でも、慣れない海外での撮影できっと緊張していたからでしょう。私がお酒を飲めないのを知っている人が心配するのとはうらはらに、私自身はシャンとしていて、意識も正常でした。

ところが大変！　お酒を飲んだ私を見た監督が、もう一度私のクローズアップを撮っておこうというではありませんか。なんでも、コニャックを飲んだことでピンク色になった肌が美しいからとのこと。撮り終えると監督は「ブラボー！　とてもセクシーな表情が撮影できた」と言ってくれましたが、残念ながらこのカットが使われることはありませんでした。

なぜなら、私にはコニャックは刺激が強すぎて、おでこの血管がにょきにょきと出てしまっていたということでした。やっぱり、私にお酒は合わないのですね。

その後は、お酒で失敗をすることもなくなりましたが、お酒の力を借りるのは上手になったように思います。

舞台やドラマの撮影などで疲労が蓄積して、自分でも自分が大丈夫なんだろうかと心配になることとあります。血圧が低めなのもあって、疲れが溜まりすぎると、ぼーっとしてしまうようなのです。そんなとき、少しだけ気付け薬としてチェリーブランデーをいただくのです。いただくといっても、ほんの少し、舐める程度なのですが……。体がぽうっと熱くなってきて、体にエンジンがかかるような気がします。

そうしたお酒の上手な生かし方、つきあい方は、失敗も経験しながら、
仕事を通じて得ていくのが、大人のたしなみなのかもしれません。

# 第三章　女優生活から学んだこと

# 幼少時の経験が、夢の世界への始まり

どうして私がこの世界に入ることになったのか。それは、日々戦火が激しくなる時代に、幼少期を過ごしたことと無縁ではないようです。

私が二歳のときに肺結核で父が亡くなり、母は娘の私を育てようと精一杯働いてくれました。

小学校二年生のとき、私は体を悪くして大阪から、祖父母の暮らす六甲に預けられました。母は土曜日ごとに私と祖父母が暮らす六甲に来て、日曜日には私といて、月曜日になると大阪に帰っていきます。母が来てくれるのはうれしいけれど、月曜日に六甲の駅まで母を見送るのがなんとも寂しかったのを覚えています。

ただ今から思えば、療養のために祖父母の家で暮らした少女時代、じっと静かに過ごしているしかなかったその頃に、漠然とではありますが物語の世界に入る楽しさを覚えたのではないかと思います。

学校にも行けず一日中じっとしている間、何もすることがなくて、本ばかり読んで過ごしていました。お小遣いをもらうと書店に行って一冊ずつ買うのですが、せっかく買ってもすぐに読み終わってしまう。それがもったいなくて、今日はここまで、と自分で決めて読み進めていたのを思い出します。そんな風にして物語を夢中で読んでいた少女時代に、夢のような世界への憧れが芽生えていったのでしょう。

太平洋戦争が始まったのは、ようやく母の暮らす大阪に戻り、一緒に暮らし始めた小学校四年生のときでした。女学校に上がる頃には、戦火は激しくなっていきました。

プール学院（当時は聖泉高等女学校）に入学後は、学校の授業の一環で軍服のボタン付けをしていました。私が生まれた年に満州事変が起こりましたから、生まれてから絶え間なく戦争が起こっていたのですね。

家から焼けだされたのは、終戦一週間前。ここは危ないというので入っていた防空壕から外に出ると一面火の海。炎の波がたくさんの家を次次にのみ込んで、ついに私の家も焼き尽くされてしまいました。今でも、焼夷弾の「しゃぁ――っ」といいながら落ちる嫌な音が鮮明に耳に残っています。

戦争が終わって、母との生活は苦しいものになっていきました。母は、疎開先にあった自分の着物と食料とを物々交換しながら、食べ盛りの娘に満足な栄養を与えようと必死だったと思います。

その当時の国民は、華やかなものからはほど遠い生活をしてきましたから、例えば美しいメロディに心が躍るような音楽を聴いたことがありません。耳に入ったとしても、童謡や小学生唱歌、軍歌、その中で音楽らしい音楽を聴いたといえば唯一賛美歌ぐらい。そのうちに、賛美歌を聴くこともできなくなりました。

引っ込み思案で、しかもそれまで宝塚歌劇団の舞台を一度も観たことがなかった私が、なぜ宝塚歌劇団に行きたいと思ったのか。自分でも不思議ですが、灰色に塗られたような戦時中から戦後の生活の中で、まるでおとぎ話のように美しい色や音に溢れた宝塚の世界を思い浮かべ、強烈な憧れを抱いたのだと思います。

最初は大反対していた母も、「まあ、どうせ受からないでしょうから」と結局許してくれたのでした。

宝塚音楽学校の試験は、同級生のお友達から借りた濃紺の水着を着ました。歩いたり、くるくると回ったり、手を上げたりおろしたり、といった実技と面接が中心だったと記憶しています。その中には歌がありました。ところが私は、人前で歌うのが大の苦手。女学校の音楽の授業などでも歌を歌うときには、緊張で耳まで真っ赤になるほどでした。

当時はなんとか受かりたいとか、合格しなくちゃいけないといった思いつめた気持ちよりも、受けてはみたいけれども駄目だろうという気持ちのほうがずっと大きかったので、それほどドキドキすることなく歌えたのかもしれません。

今では、宝塚に合格するための予備校に通っている人が多いと聞きますが、予備校がなかった当時もやはり日本舞踊を習っている人やピアノを習っている人がほとんどでした。何もしていなかったのは私ともう一人の二人だけだったようです。受験の当日も、リボンがついたふわっとした華やかな洋服を着ている人がたくさんいる中で、いつもと同じように学校の制服を着ていた私は、ますます駄目だろうなと感じていました。

そんな風でしたから、合否の発表を母と二人で見に行ったときに、自分の番号があることが信じられず、「良かった、うれしい」というよりも、「ええ、どうしよう」とうろたえてしまったぐらい。結局、母からの応援の言葉もあって、宝塚音楽学校へ入学できたのです。

## 美しい音色が女優活動の礎に

一五歳で初めて宝塚音楽学校に足を踏み入れたとき、そこには美しい音が溢れていました。なんてすばらしい世界があるのだろうと、強烈なカルチャーショックを受けたのを覚えています。それらの音楽に感激するとともに、音楽が急速に近い存在になっていきました。

ショパンの生涯を題材にした作品や、ジョルジュ・ビゼーの『カルメン』、プッチーニの『マノン・レスコー』……。宝塚では、作品を通して本当にたくさんの音楽と出合いました。

中でも、シューベルトの人生を描いた舞台は私にとって特別な作品です。春日野八千代さんや乙羽信子さんなどが出ておられる作品でしたが、初めてセリフのある少年の役をいただくことができた、とても思い出深い作品なのです。

そんな中でも特に惹かれるのが、とても美しい旋律のシューベルトの『アヴェ・マリア』。以前に、この曲を完璧に覚えて歌ってみたいと急に思い立って、原語で覚えたことがありました。今では、残念ながら忘れてしまったところも多いのですが、やっぱり時折、歌いたくなります。

## 無謀とも思える壁が人を成長させる

日伊合同で制作された映画『蝶々夫人』。私にとって、大きな転機となり、そして代表作となったこのオペラ映画が日本で上映されたのは、一九五五年のことでした。

この映画は、東宝映画の重役でいらした森岩雄さんと、ヨーロッパから映画を輸入されていた東和商事の川喜多長政さんが、外国で、どこの国のものかと思うようなあまりにもひどい『蝶々夫人』のオペラが上演されているのを非常に気にしておられ、本当の日本の姿を見せたいという思いから作られることになった作品です。

私がお話をいただいたのは、映画『宮本武蔵』の撮影中でした。オーディションといっても監督はイタリアにいらっしゃいましたから、劇中のアリア（独唱曲）二曲をフィルムに撮って送るというもの。当時はビデオがありませんから、レコードをひたすら何度も聴いて歌を覚えなくてはいけません。

日本での映画の撮影中に、突然、ふってわいたようなお話でしたし、イタリア語もおぼつきませんから、私にできるわけがないと思いながらも、なんとか二曲を歌った姿を白黒フィルムに収めてイタリアへ送ったのです。すると、それを見た監督からカラーフィルムでも撮影したものがほしいと連絡があり、そこで再びカラーで撮影したものをお送りしました。

そして最後に一度、実際に会ってみてから主演女優を決定するということになり、私はイタリアへと旅立ったのですが、その場で決まったため、日本にいったん帰国することもなく、そのまま撮影準備が始まりました。

撮影までに私に与えられた準備の時間はわずか約一ヵ月。宝塚歌劇に所属する女優と聞いていた監督や関係者の方々は、きっとオペラの経験が豊富だと安心しておられたのかもしれません。ところが、まったくオペラに馴染みがなく、イタリア語も分からない私にとっては、ただただ不安な日々だったのです。

何よりも難しかったのは、本職のオペラ歌手の声に合わせて正確に発音し、本当に私が歌っているように一体にならなければいけなかったことです。

撮影が始まるまでの一ヵ月間は、くる日もくる日も、グランドピアノとレコードプレーヤーが運び込まれたホテルの一室に一人でこもって練習し続けました。もちろん寂しくもありましたが、それよりも何よりも覚えなくてはいけないという張りつめた緊張感で、ホームシックにかかっている暇もないほどでした。

撮影前は緊張で胸が苦しくなるほどでしたが、撮影が始まると、緊張している時間がないくらい、ただ夢中でのめり込んでいきました。なんとか無事に撮影を終えたときには、日本を旅立ってから約半年もの月日が流れていました。

泣きたくなるほど大変な思いをした、この異国での日々は、私にとって代表的な作品になるとともに、得難き経験となりました。

今にして思えば、当時イタリアに旅立つぎりぎりまで映画『宮本武蔵』の撮影が続いていました。渡航前日も、最後に屋外でのワンシーンが残っていたのです。天気が悪ければ、撮影が翌日以降に持ち越されるため、雨が降ったらイタリアへの渡航もできなかったでしょう。

しかし、雨が降ることもなく、無事に撮影を終えることができ、徹夜でアフレコを終え、なんとか出発に間に合わせることができました。そうしてイタリアへと旅立つことができたのですから、何か運命的なものを感じてしまいます。

## 憧れの女優、ヴィヴィアン・リー

ちょうど宝塚歌劇団に入って一、二年経った頃でしょうか。

戦後の日本では観たことがないようなアメリカ映画『哀愁』が上映されました。あまりにもロマンチックで感動した私は、主演女優だったヴィヴィアン・リーの大ファンになってしまいました。

その後、日本でも彼女が出演したあの『風と共に去りぬ』が上映されました。世界中の人々から絶賛を浴びていたこの映画を映画館で観たときには、約四時間立ちっぱなしでもまったく苦痛にならないほど、ただただ圧倒されたものです。

しかし、乱世を生き抜く強い女性よりも、私は『哀愁』の悲劇のヒロインを演じた彼女のなんともいえない可憐さに惹かれるのです。

『哀愁』の最後には、ロンドンのウォータールーの橋の上で、ヴィヴィアン・リー演じるバレエの踊り子が車の前に身を投げてなくなってしまいます。そしてロバート・テイラー扮するイギリス軍将校が、彼女が残したビリケンさんのお守りを拾ってずっと持っているシーンで終わります。

この映画を観てからというもの、ビリケンさんのお守りがどうしても欲しくなった私は、古道具屋さんで見つけた鋳物《いもの》のビリケンさんのお守りを大事に身につけていたことがあります。

また、楽屋の鏡台や自分の部屋に、ヴィヴィアン・リーのポートレートを貼って、「おはようございます」「おやすみなさい」と毎日挨拶しては、ほれぼれと眺めたものでした。

こうした憧れの女優との出会いが、芝居への熱をさらに高めてくれたのではと思います。

## 強く願えば、思いは叶う

願いごとは、ずっと念じ続けたり言葉にしたりすると叶うとよくいわれますが、私もそう思います。

一度お目にかかることができたら――。ずっと思い続けた憧れの女優、ヴィヴィアン・リーに会えたのも、そんな出来事のひとつです。

『蝶々夫人』を撮影した翌年、試写会のためにイタリアのさまざまな街を巡っていたときのこと。ロンドンに一時寄ってから帰国する前に、一緒に回っていた川喜多かしこさん（『蝶々夫人』のプロデューサーでもある川喜多長政さんとともにご夫婦でヨーロッパの映画を日本に紹介していらっしゃった）が、その娘さんで当時学生だった和子さんと私を、ヴィヴィアン・リーが出演していた、イングランドのストラトフォード・アポン・エイヴォンにあるロイヤル・シェイクスピア劇場に連れて行ってくださったのです。

ちょうどそのとき、ローレンス・オリヴィエと共演していた舞台『十二夜』が上演中。その舞台はとにかくすばらしく、ヴィヴィアン・リーの品のある美しさには、うっとりとするほどでした。

姿や声の美しさはもちろんですが、際立っていたのが歩く姿です。彼女はロンドンの演劇学校出身ですが、白鳥が湖面をすべるかのようにすーっとしなやかに歩くことが求められる演劇学校の稽古で、完璧にできたのはヴィヴィアン・リー一人だけだったと聞いたことがあります。舞台を歩く彼女は、聞いていた通り気品に溢れていて、こんなに美しく歩く人がいるのかと、ただただ言葉もなく観ておりました。

そして舞台を見終えた後、『蝶々夫人』の撮影の労を労い、川喜多さんがヴィヴィアン・リーの楽屋に連れていってくださいました。

恋こがれた女性に初めて会った印象はというと……、ぽーっとしてしまって、ほとんどよく覚えていないのですが、握手をしてくださると、意外にも映画で観ていた印象よりもしっかりとした手をしていらっしゃいました。私も比較的手が大きいものですから、一緒だな、光栄だな、などと思ったことを覚えています。

不思議なもので、一度お目にかかったことで満足し、ほっとしたからでしょうか。熱に浮かされるように恋こがれたヴィヴィアン・リーへのファン心理は少し落ち着いたような気がします。でも、この一件は、今でも忘れることのできない大切な思い出となりました。

とはいえ、まさかお会いすることなどできないだろうと思いながらも、寝ても覚めても、写真を眺めていたヴィヴィアン・リーとの対面で、私は念じ続ければ、願いは叶うものなのだという思いを新たにしたのでした。

## 欠点は魅力のひとつになる

自分をしっかりと持っていて、人の意見に左右されずに自分の道を邁進する。そんな風に潔い生き方に憧れる方は多いでしょう。ただ、ときには周囲の人の声に耳を傾けることで、世界が広がることもあるのではないでしょうか。

意外だとよくいわれるのですが、実は私、喜劇的な人間を演じることが好きです。

人間って、きちっとしているよりも、どこか少し抜けているほうが、チャーミングだと思われませんか。役を演じる上でも、すっと立っているだけで美しい人よりも、人間味があって少しユーモラスな人のほうが、イメージが広がりやすいのだと思います。

あるとき、脚本家の倉本聰さんが「役を書くときには、人の欠点が面白いから、そこを探すようにしている」とおっしゃっているのを聞いたことがあります。

自分では気づかない、あるいは短所だと思っているけれど、周りの人からしてみるとその欠点がかえってその人を魅力的に見せていることがある。倉本さんはそんなことをおっしゃっているのではないかと、大いに納得しました。

そんな私が、初めて喜劇を演じたのは、宝塚の舞台『文福茶釜』の代役として、たぬきの役をいただいたとき。当時、自分では気づいていなかったのですが、上級生の方が私の中にあるどこか可笑しな部分を見抜いていたようです。後から聞いた話では「あの子、面白い所があるから代役にしてはどうか」と演出家に推薦してくださったとのことでした。

また、そのときの劇作家の高木史朗先生が、私に「一見、二枚目の雰囲気だけど、二枚目のように見えて、実は三枚目というのが面白いから、八千草さんは二枚目半の役の方向で進むといいね」とアドバイスしてくださったこともありました。

当時は、引っ込み思案の私が、まさか喜劇に向いているとは思ってもみませんでした。ただ、今になって思い返してみれば、自分では大真面目に演じているつもりなのに、客席が笑いに包まれて面食らったことがあったのです。

例えば宝塚で『ヴェニスの商人』に出演していたときのこと。裁判の場面がありますが、そこに登場する書記の補佐の役を演じることになりました。書記は、うんと上級生が演じておられたのですが、恰幅のいい方でその方の後をひとまわりもふたまわりも小さい私が書記の黒い衣裳を着て歩いていると、まるでペンギンの子どもが付いて歩いているようで、お客さんの目にはコミカルに映ったのでしょうね。笑う場面でもないのに、お客さんが笑われるのです。

くすくすとした笑いが、やがて大きな笑いとなって。なぜこんなところで笑われているのか分からないやら、恥ずかしいやら……。

また、大真面目に何かについて語るのが照れくさくて、いつもどこか滑稽に話をしてしまうようなところが私にはあるようで、もしかしたら、上級生や演出家は、本人よりも先に私のそんな一面に気づいてくださっていたのではないかと思います。

自分のことは自分が一番知っているようで、意外と見えていないもの。この年齢になっても、周りにいわれて気づくことも多々あります。たまには人の助言やメッセージに身を委ねてみることで、自分では気づいていなかった新たな一面が引き出されることもあるのではないでしょうか。

## いただいたチャンスに身を任せる

「あなたは、二枚目半で役を作っていけばいいんじゃないかな」

そんな風にアドバイスしていただいたのがきっかけで、宝塚ではさまざまな役柄に挑戦してきました。

中でも、思い出深い舞台は、「愛読者大会」で娘役の私が国定忠治を演じたこと。今では、なくなっているようですが、私が所属していた頃には、『歌劇』『宝塚グラフ』といった雑誌の愛読者へサービスするためのイベント「愛読者大会」が定期的に行われていました。

皆さんご存じのように、宝塚歌劇では男性が舞台に上がることはできませんが、この日だけは男性の先生方も一緒に舞台に上がり、劇をすることができたのです。

「赤城の山も今宵をかぎり」と言いながら、私が自分よりも背の高い男性の先生方を切るのが可笑しかったのでしょう。お客さんは大喜び。大きな笑い声があちらこちらからわき上がって、私としてはとても照れくさくて仕方がなかったのですが……。

またあるときには、上級生の方と二人で可愛らしいフランス人形のような姿で漫才のような掛け合いをしたことや、歌舞伎の天地会のように男役と女役が入れ替わって『切られ与三郎《よさぶろう》』の役を演じたこともありました。

私にこんな役ができるんだろうか、と考えたこともあります。でも、人は意外と、自分の資質には気づかないことが多いものです。だから、他の人が与えてくださったチャンスに思い切って身を任せて、のっかることで思いもよらなかった新たな自分に出会えることもあるのだと思いました。

今では、そうして与えてくださったチャンスのひとつひとつが、私の役柄の幅を広げてくれたのだと、大変感謝しています。

# 第四章　ひとつの世界だけで生きない

# 仕事以外の世界を持つ

私は欲張りな性分で、女優の仕事をしながらも、プライベートも大切にしたいと常に思ってきました。

いろいろと興味のある世界を見つけると、足を踏み込んでみたくなるのですが、自然が好きな私にとってのもうひとつの世界とは、山やビオトープでした。そしてそれらが、女優の仕事を始めてから今まで、何度となく壁にぶつかったときに、私の慰めにもなってくれました。

私が仕事で壁にぶつかり沈んでいるとき、主人はそれを察して山に連れて行ってくれることがよくありました。そうして二人で山に出かけ、自然の中にいると、くよくよとしている自分がつまらなく思えてきて、いつの間にかそれまで悩んでいたことを乗り越えることができた気がします。

山小屋で出会った人々とも女優としてではなく、一人の人間として対話ができるのも貴重な経験でした。

私が女優になった頃、女優に限らず俳優という職業はすべてをなげうってでも役に身を投じなくてはいけないものだといわれていた時代でしたから、私のような生き方を認めないと思っておられた方も、いらっしゃったかもしれません。

女優としてだけではなく、一人の女性として胸を張って生きることができる女性になりたい。そう考えていた私にとって、自然や動物などと戯れる時間は、何ものにも代え難いものだったのです。

そして今、自分の生き方を振り返ってみて、もうひとつ別の世界を持っていることが、自分の強みであり、視野を広げることにもつながったのだと思っています。

## 辛さを体験してこそ、得られることがある

人は誰でも、楽なことや楽しいことばかりではなく、厳しさや辛さを体験することで何かを得たいという思いを持っているのではないでしょうか。私にとっては、それが山登りだったような気がします。

私が初めて山の魅力を知ったのは、新婚旅行で主人と一緒に行った上高地でした。十二月頃のことで、「夏の山にも登ったことがないのに、冬山だなんて」と、山登りが趣味で山のことをよく知っていた主人から大反対にあいました。でも、「絶対に弱音をはかないから」と頼み込んで連れて行ってもらったのです。

山に入ると、主人は二〇〇メートル進んでは待ち、三〇〇メートル歩いては立ち止まりと、辛抱強く私を待っていてくれました。でも、落ち着かない気持ちになるので「もう待たないで、先に行ってください」と

言うと、本当にずんずんと先に行ってしまったのです。

どのぐらい歩いたでしょうか。気がつけば、周囲には誰もいない、一人だけの世界です。聞こえるのは、雪を踏みしめる自分の登山靴の音だけ……。

本当に静かで、時折、大きななだれの音も聞こえます。でも、不思議なことに怖くはありませんでした。きっと、まだ山の怖さを何も知らなかったからなのでしょうね。それよりも、まるで小人がでてきそうな童話の国のような光景を前に、こんなにも幻想的で素敵な世界があるのかと、荘厳な雪山の圧倒的な美しさに、ただただ引き込まれました。

そんな山の美しさに見とれていると、悩みごとを抱えてもやもやとしていた気持ちも晴れていきます。なんて、ちっぽけなことに悩んでいたんだろうと。そして、大らかな山に包み込まれているような、なんともいえない心地を味わうことができたのです。

その後も、主人と二人で北アルプスに何度も行きました。いろんな山を体験することも魅力ですが、私たち夫婦は同じ山にも何度も登るのが好きでした。また、近くでは箱根の内輪山、外輪山にも何度も足を運びました。親しみのある山に登ると、故郷に帰ってきたような懐かしい気分になれるからです。

不思議なもので、山は一日として同じ表情の日がありません。山道がびしょびしょに濡れる梅雨の日のように厳しい表情がある反面、鮮やかな緑に元気をもらえるような新緑のシーズン、燃えるような紅葉の季節……など、いつも、神様が作られたのかと思うような神々しい姿を見せてくれるのです。

そんな中で私があえて厳しい冬の山を好んだのは、人が少なくて、山を独り占めできるように感じられるから。山に登る理由は人それぞれだと思いますが、私の場合は自然に包まれる感覚がとにかく幸せでした。

険しい山道を息を切らしながら登った先では、都会では決して気づくことのできない雄大な景色が迎えてくれます。そして、一人っきりになって考えを巡らせる時間が、いつも私に大きなパワーをくれました。

主人が亡くなってからは、山に登ることは少なくなりましたが、昨今の山登りのブームで、私が登っていた頃とは山の風情もずいぶん違う印象になっているでしょう。でも、もしかしたら、冬の間だけなら、誰もいない秘境の世界が残っているかもしれません。

苦しくても懸命に登った人だけが目にすることができる光景に、出合いに行く。そんな風に楽しむのもいいものかもしれませんね。

## 日常から離れることで生まれる新たな絆

主人とともに山に登りはじめてから、自然に囲まれて暮らす生活をしたくて、別荘地を探すことになりました。

ちょうどその頃、倉本聰さんも別荘地を探しておられたこともあって、ご一緒して軽井沢の奥や、北海道の富良野などを見て回りました。一時は、富良野に倉本さんとお隣同士で山小屋を持つ話が進んだこともありました。ただ、富良野は遠かったこともあり、土地は買ったものの、いつかは山小屋を建てようと夢を持ちつつも、そのままになっていたのです。

そんなあるとき、雪が降る冬山が好きだった私たち夫婦にぴったりの土地が、八ヶ岳の小高い場所に見つかり、三〇年ほど前に小さな山小屋を建てたのでした。結局、富良野の土地は最近になって、倉本さんにお譲りしました。

八ヶ岳の山小屋までは主人が運転する車で行っていたのですが、人間二人に犬二頭、小鳥まで籠ごと連れて行きますから、さながら民族大移動。主人は、山の中の地図はとても正確に把握しているのですが、街中はなぜか苦手で、しょっちゅう出かけても覚えられないようでした。その点、女性は地図が読めないとよくいいますけれど、私は山の中はからっきし駄目でも街中の地図を読むのが得意でした。ですから、山小屋への道すがらは、助手席の私が地図を片手にナビゲーターを買ってでておりました。

楽しく賑やかな山小屋への旅路。とはいっても、ひとたび大移動するとなれば、家を乱雑にして出かけるのは気がとがめますから、冷蔵庫の整理をして、部屋を整えてと、何もかも準備をするのは大変！　それに加えて家族や動物たちの食糧を持ち運ばなくてはなりません。山小屋を建てた当初は、まだコンビニエンスストアが今のように普及していない時代でしたから、一週間分の食糧をすべて車に積む準備が一苦労でした。

特に冬場は、道が凍っていて簡単に街に下りて行くことはできませんでしたから、どんどん食糧の荷物は増えることになります。

そうした苦労の甲斐もあって、山小屋に滞在していると、ときどき、都会では決して出合うことができない、プレゼントのような光景があります。

山小屋の窓の外から、カモシカがじーっとこちらを眺めている光景に出くわしたこともありました。優しいまなざしで、いつまでもこちらを見ているから、私のほうも目が離せなくなってしまって。どのぐらいカモシカと目を合わせていたでしょうか。気が済むまで見つめ合った後、カモシカは静かに去っていきました。

そうした自然が運んでくれるうれしい出合いとともに、別荘を建てたことでご近所のお友達もたくさんできました。私の芝居を観にきてくださったり、私が八ヶ岳に滞在しているときには、一緒に食事をしたり……。女優であるよりも一人の人間としてつきあってくださる友人がたくさんできました。こうしたおつきあいも、八ヶ岳がとりもってくれた縁として、大切にしていきたいと思っています。

## 異国を知ることで、視野や価値観が広がる

季節がよくなると、もぞもぞとしてどこかに出かけたくなってしまう。私の心の内には、冒険への憧れのような気持ちが常にあるようです。そんな気持ちを満たしてくれるものに、旅があります。

結婚してから、私たち夫婦はネパールの自然や人々の素朴な人柄などに惹かれて、毎年のように訪れていました。この国の人々に無性に親しみを覚えるのは、なぜでしょうか。おそらく、道行く人とふと目が合ったときにはにかんだ微笑みを返してくれるような、現代の日本人が忘れてしまった奥ゆかしさに共感するからなのかもしれません。

ネパールとの縁は、一九七〇年の大阪万博の頃に遡ります。万博の記録映画を制作し、そのフィルムを持ってアジア圏の国々を巡っていた主人は、最後に訪れたネパールの穏やかな気候と、人々の温かさをいっぺんに好きになってしまったのです。

日本からやってきている青年海外協力隊の若者との出会いも、主人のネパール好きに拍車をかけました。彼らの爽やかで献身的な姿勢に惚れ込んだのが縁で、やがてプライベートでも訪れるようになったのです。

ネパールへの旅では、今も忘れられない出来事がひとつあります。ヒマラヤのエベレスト街道を登っていたときのこと、大人のシェルパの一団になぜか一〇歳足らずの少年が紛れ込んでいました。

彼は七日間も歩いたところにある村から仕事をもらいにやってきたので、少しでもいいから荷物を持たせてほしいというのです。顔色が悪く、力のない咳をしていた少年は、結核を患っているようでしたが、ともかく小さな荷物でも持ってもらうことにしたのです。

途中、私たちは一軒の家で温かな焚き火とお茶をご馳走になりましたが、彼は外で青い顔で震えて立っています。見兼ねた私は、かまどの火に当たらせてもらえるように、その家の奥さんに頼みました。

しかし、しばらくすると手足を火にくっつけんばかりに近づけていた少年は、奥さんに追い出されてしまいました。その彼とは、それきり会うことはありませんでした。

ネパールやインド地方を旅すると、今も根強く残る「カースト」というしきたりを目の当たりにし、戸惑うことがあります。その国が持つ長い歴史や宗教からくるもので、他国の私たちが口をはさむ問題ではありません。また、これらの国の人々は、そのしきたりや生まれもって与えられた立場を、淡々と受け止めているように感じます。机の上を拭く仕事を与えられている人と、机の下を拭く仕事を与えられている人というように、細かく定められたしきたりがあり、それを守って生きるほうが彼らにとっては気が楽という面もあるかもしれません。

他国からの旅人が一時の優しさや思いつきで手を差し伸べると、かえって彼らを傷つけたり、戸惑わせてしまうことにもつながる。そんなことを感じて、反省もしたのです。でも、あの少年のことを思い出すと、どうしても胸が痛みます。

異国への旅といえば、つい先日ネパールと同じぐらい私が好きな国、ブータンを友人と一緒に旅しました。ブータンには信号機はありません。信号機らしきものといえば、町の中心に警官が手信号で車に指示を出す交差点がひとつあるだけ。その一方で、お寺の中庭では法衣姿の若いお坊さんが日向ぼっこをしながら、携帯電話でしきりに話している光景を見て、思わず目が丸くなりました。

世界中がめまぐるしく変わる世の中ですから、ブータンも神秘的なままではいられないんだろうなぁと、ちょっと寂しい思いにもなりました。どこで止めるかは難しい問題だと思いますが、私たちの国は少し行きすぎたように思います。

これまで、冒険好きの性格が幸いして、ただ女優の仕事をしているだけではできなかったさまざまな経験をすることができました。そのひとつひとつが、旅が与えてくれた素敵な贈り物なのだと一緒に旅してくれた夫に感謝しています。

## 聴くたびに新たな発見があるクラシック音楽

私はクラシック音楽を聴くのがとても好きです。オーケストラがつくりあげる壮大な交響曲もいいし、繊細で優美なピアノ曲もまたいい。クラシック音楽は、人の心の細かなひだを刺激するような力を持っているように思います。

台詞を覚えるときにも気分に合わせて音楽を聴くことがありますが、音楽があるだけでイメージがぐんと広がります。音楽によって、五感が研ぎすまされるからでしょうか。ひとつひとつの台詞について、今まで気がつかなかった感情に気づかせてくれることもあるから本当に不思議です。

宝塚に入団してからは、多くの美しい曲に出合いましたが、オペラ作品の中にも、ひとつ思い入れのある作品があります。それは、『蝶々夫人』。きっかけは、一九五四年に日伊合同で制作されたオペラ映画『蝶々夫人』の撮影に参加したことです。

それまではというと、私はオペラにはどこか重々しく退屈なイメージを持っていました。ところが『蝶々夫人』の全曲をマスターするために、一日に何度も、何度も同じ曲を聴いているうちに、少しずつイタリア語が分かりはじめ、プッチーニの音楽に目覚めてしまったのです。

自分のものにするためにいやになるほど何度も聴いていたのに、飽きないどころか、聴くたびに新しい発見もある。本当にすばらしい音楽に出合うことができたのは、とても幸せでした。

これからも人生を豊かにしてくれる素敵な音楽との出合いを楽しみにしながら、生きていけたらと思っています。

## 繊細な優しさを持つ犬や猫

関西で暮らしていた七歳か八歳の頃、小型犬から大型犬まで、七匹ほどの犬を飼っていらっしゃった近所のお宅に、よく遊びに行きました。

私の姿が見えると、その七匹が一目散に駆けつけてきてもみくちゃにされたものです。夜には犬たちの間に入って眠るのですが、犬の匂いの中にいると、なぜかとても落ち着く気持ちになっていたのですから、私は少し変わっているのかもしれませんね……。思えば、その頃から、私にとっては動物が特別な存在だったような気がいたします。

無邪気に犬と戯れていた幼い頃は、ただただ可愛いという思いしかありませんでした。しかし今、歳を重ねるほどに思うのは、人間よりもずっとずっと小さい体で、一所懸命生きている彼らのけなげさ。こんな小さな体で、何を考えているんだろうと、彼らの気持ちをなんとか分かってあげたいと思うようになったのかもしれません。

今、我が家では二歳の犬のヴェルディと三歳ぐらいの猫のフィーリーが一緒に暮らしています。緑（ヴェルディ）と花（正確にはフィオリーですが、呼びやすいようにフィーリーとしました）と名付けた兄弟のように仲の良い彼らは、私にとってはかけがえのない存在です。

猫を飼うのは今回初めてなのですが、一緒に生活してみるとなんだか犬よりも大人っぽいところがあるような気がしています。普段は、私に近づくと犬に追いかけられるからそれほど近づいてはこないのですが、私が自分の部屋に入るとすぐに飛んできて、体をくっつけて甘えてくるのです。仲が良くても犬がいるところでは、自分が甘えられないことをよく知っているのですね。そういうところは、すごく繊細なんだなぁと感じます。

犬のほうは子どもの頃から数えると十二代目。現在飼っている犬は、まだ子どもらしさが残っていることもあってか、猫に比べるととても甘えん坊で無邪気です。猫の名前を呼んでも猫は振り向いて「にゃ」というだけなのに、犬はやきもちを焼いて、こちらに飛んでくるのです。そんなところもまた、いじらしい。

動物の世話をしながら暮らすよりも、一人で暮らすほうが気楽でいいと思われる方もいるかもしれません。でも、長く一緒に暮らしていると、彼らが、じつはとてもナイーブな優しさを持っていることに気がつきます。

これまで一緒に暮らしてきた犬たちは皆、何をいわずとも、私の元気がなかったり、弱っていたりするのを感じ取ってくれました。そして今、私が帰宅すると、足音で気がついた犬と猫が寄り添いながら玄関の中で座って迎えてくれます。そんな様子を見ていると本当にたまらなく可愛く、私が可愛がっているというよりも、むしろ向こうがすごく私のことを気にしてくれているというのを感じるのです。

動物とは、人と人とのように言葉を交わし合うことはできません。でも、しゃべらないからこそ、気持ちを汲み取ろうとする気持ちがわいてくるものなのではないかと思います。そう考えれば、犬や猫は人間にとって、相手の気持ちを思いやることができる最高の友達なのではないでしょうか。

## 自然に親しむために庭に造ったビオトープ

幼い頃、六甲の自然の中で育った私は、自然の中にいると包まれているような、なんともいえない安心感を覚えます。日常生活でも、少しでも自然を感じていたいと、三年前に自宅の庭にビオトープ（ドイツで生まれた概念で、昔ながらの自然の中で、人と動植物が共存できるように造られた生物の生息地）を造りました。

きっかけは、埼玉県の荒川周辺にある数カ所のビオトープを見たこと。昔ながらの自然をそのまま残してある光景に、とても心打たれたのです。そのときに、家庭の庭などの小さな規模でもビオトープを造ることができるのだと知りました。

ビオトープを造る際には「よその地から動植物を持ち込まないこと」「その土地の動植物をそのまま育てること」「なるべく自然のままの状態を保つこと」が大切なのだそうです。そうして、歳月をかけて育てていくのです。

造りはじめた当初は、大きな水たまりがあるようにしか見えず殺風景だったのですが、ときを重ねると草が生えはじめ、昆虫が卵を生んで、少しずつ恰好がついてきました。去年の夏、専門家の方に来て教えていただいたところ、庭の生物は植物から昆虫まで含めると四六種類も生息しているということでした。

地元の多摩川で捕ってきて水辺に放しためだかは、いつの間にか一〇〇匹を超える数にまで増え、三年前に近所の池で捕まえたおたまじゃくしも蛙となって、今年も随分たくさんの卵を生んでくれました。最近は、そんな様子をうれしく眺めています。

苦手な方もいらっしゃるかもしれませんが、私にとって蛙やめだかを手に取るのは、とても楽しくてウキウキとする時間。三年前に初めて我が家にやってきたおたまじゃくしは、家の中で鉢に入れて大きくし、足が出てきた頃に鉢を庭に出して、木や葉っぱを使って梯子のようなものを作って地面に出してやったのですが、その作業が楽しくて。

大きく成長したひきがえるに遭遇すると、あまりに大きな姿にびっくりするとともに、私が育ててあげたんだと、なんだかとても誇らしく、また愛おしい気持ちになります。

あともう少し経つと、トンボやバッタ、蝶々、カマキリなどの昆虫が増えてきて、庭はさらににぎやかになることでしょう。そうなれば、近所の小学校の子どもたちを招いて、自然に親しんでもらうのもいいかなと考えています。

自分が幼い頃に自然に親しんだから余計にそう感じるのですが、幼い頃から自然と触れ合っていると、自然も自分たち人間も一緒に生きているのだということを実感し、自然を大事にしたいという気持ちが自ずと育まれるものだと思うのです。

今、機械文明に取り囲まれて育っている子どもたちに、パソコンやゲームばかりに目を向けないで、ちょっとでもいいから自然にも目を向けてもらいたい。その小さなきっかけになったらと思っています。

## 思い出の詰まった家具で居心地よく

家具や雑貨など、好きなものに囲まれて暮らしたい。誰もが願うことだと思います。

その点、我が家では、主人と私の趣味がよく似ていたことは幸いでした。

近代的なものよりも、古い木の家具に囲まれているほうが落ち着いて過ごせるというのが、私たち二人の共通の考え。ときがゆっくりと流れていたからでしょうか。昔の人が作ったものは丁寧に作られていて、長持ちするような気がします。

時間があれば一緒にアンティーク家具を見て歩き、どこに置こうか、床はどんな木材を選ぼうかと、二人で意見を出し合って、ひとつずつ揃えながら家づくりをしてきました。

とはいえ、女性にとっては、雰囲気がとても大事ですが、男性は機能的なものを選ぶことが多いのではないかしら。最初に家を建てたときにも、主人は子どものときに関東大震災にあっているので、地震に対する恐れがありました。そのため、土台をしっかりしてほしいというのが、一番の願い。逆に土台さえしっかりしていたら上は何でもいいというのが、本来の主人の考えだったようです。

ですから、せっかく二人で選んだダイニングテーブルの上に、主人が近所の電気屋さんに注文した蛍光灯を取り付けようとして、私の意見とは少し対立しました。

仕事場で事務机を照らすなら、蛍光灯の機能性は魅力です。しかし、ダイニングテーブルには蛍光灯のはっきりとした明るさよりも、少し柔らかな光が欲しかった私は反対し、主人も結局、任せてくれたのでした。やはり、どのご家庭でもそうかもしれませんが、こういうときは女性が強いものですね。

家のリビングは、最終的には私の意見が通っていたことが多かったような気がします。結局、主人の部屋はとっても明るく、私の部屋は間接照明。それぞれの思い通りになったのでした。

今では、歴代の犬の噛んだ跡がしっかりとついている家具も多いのですが、我が家には五〇年以上を経た今も二人で選び、置き場所を決めたお気に入りの家具や、これまで一緒に暮らした犬の顔がふと思い浮かぶような、思い出がたくさん詰まった家具たちが、私の周りを取り囲んでくれています。

# 第五章　幸せな人間関係を育む

## 似たもの夫婦が、喧嘩知らずの秘訣

私が、夫・谷口千吉と、映画監督と女優として出会ったのは、映画『乱菊物語』がきっかけでした。

第一印象をひと言でいうと、〝生まれっぱなし〟のように天真爛漫で、巧まざるユーモアのある大きな人。

話をするのがとても好きな人で、無意識のうちに周りを巻き込んで、温かい気持ちにさせてしまうのです。撮影中のスナップを後から見返してみても、どの写真も皆、私だけでなく、共演者の方々もお腹を抱えて大笑いしていたのを思い出します。

そんな主人との五〇年の結婚生活で、喧嘩をした覚えはほとんどありません。約二〇歳の年齢差があり、圧倒的に人生経験が豊富な主人と私とでは、喧嘩にならなかったというほうが近いような気がいたします。

あえて挙げるとしたら、結婚して間もない頃のこと、ごくたまに彼が早とちりをして、一瞬にしてわーっと私に対して怒って、それでおしまい、というのが私たち夫婦の喧嘩でした。

ああ、勘違いしているんだな……と思っても、そのときに「いや、それは」といったところで聞く耳をもってくれませんので、しばらく時間が経つのをじっと我慢します。

その後、ほとぼりが冷めてから「実はあのときは……」と切り出すと、「ああそうだったの、ごめんなさい」と。瞬間湯沸かし器の彼は、怒るのも早ければ、謝るのも反省するのも早かったのです。

それも、口先だけではなく、見事に素直に心から「ごめんなさい」と頭を下げられると、拍子抜けしてしまいます。「あんなに怒ったのに」とも言えず、それ以上口論にもなりませんでした。

相手に不満をもつと無言になってしまうという話をよく聞きます。ですが、私たち二人の場合は、それもありませんでした。

主人は一度口に出して怒るとその後はすぐに忘れてしまうので、まったく後に引きずらないタイプ。私は私で、家の中に男の人がいる経験がなかったので特に最初の頃はなんでこんなに大きな声で怒るんだろうと、ショックでくたびれてしまって……。

私はたいてい、主人が怒った後は寝室で疲れてうとうとと眠ってしまいました。

主人がよく、「うるさくなったときは怒って眠らせるのが一番いいな」と私をからかいましたが、起きたときには気分がすっきりとしてわだかまりも消えているのですから、二人とも根が単純なのでしょうね。

どこか似たもの同士で、価値観の似ているところがあったことが、仲良く寄り添えたゆえんなのかもしれません。

## 大切な人にこそ、ありのままの姿を見せる

母親にさえ素直に甘えられなかった私ですが、主人の前でだけは結構ありのままの姿を見せることができました。主人にはどこか日本人離れしたような大きさがあったからでしょうか。私のどんな部分も、大きく受けとめてくれるような気がしたのです。

例えば、家の中で平気で歌を歌うこともそうでした。人前では恥ずかしくて、一旦舞台を離れると、歌を歌わなかった私が、主人にならば家の中で口ずさむ歌を聴かれてもまったく平気だったのです。

宝塚歌劇団にいたことのある私が、こんなことをいうと不思議に思われるかもしれませんが、私は子どもの頃から極端に恥ずかしがりやなところがあって、実は人前で歌うことがとても苦手です。音楽を聴くのは大好きなのに、自分で歌うとなると思うようにはいかないなんて変です

が……。

いつか、主人がいっていたことがあるのですが、人前で歌や踊りが平気でできる子どもは、女優に向いているのだそうです。しかし、私はまさに正反対。音楽の授業などで歌うときには、顔が真っ赤になるほどでした。

そんな風でしたから、たとえプライベートでも人前で歌うのはやっぱり苦手。カラオケで歌うこともほとんどありません。

ただ、主人の前でだけは特別でした。あまり恥じらうこともなく、ずうずうしく大好きな曲『アヴェ・マリア』や美空ひばりさんの『リンゴ追分』を家の中で口ずさむこともできたのです。

## 夫婦の絆は弱さを見せ合うことで深まる

結婚をする際、とりたてて二人の中で約束ごとのようなものを作ったことはありません。しかし、互いの仕事に対し口を出さないことは、暗黙の約束のようになっていました。

主人が私の仕事について何か意見するようなことはありませんでしたし、私のほうも、今となっては映画監督の妻として、もう少し何らかの形でサポートができたのではないかと反省するほど、彼の仕事に関わることがありませんでした。

ただ、一度だけ、珍しく主人が仕事のことで悩んで、私にそれを吐露したことがあります。

縁あって、当時大阪で開かれていた万博記録映画を撮影することになったときのことです。それまでは劇映画を撮っていましたから、今までとは違ってドキュメンタリーを撮るということに主人の中でも葛藤があったのでしょう。どういった作品であれ、一度は引き受けた以上、記録として残すことに徹して撮影するしかない。そう思いながらも、珍しく主人が仕事に対する悩みを抱えている様子を見せてくれたのです。

ちょうどその頃、名古屋で舞台に出ていた私に、大阪から主人が会いにきてくれたことがありました。経験のない私が主人にアドバイスできることなんてありませんでしたが、何か不安な思いがあって話をしたかったのでしょうね。ただただ、主人の話を聞いていました。主人なりに悩んでいたのは、記録映画とはいえ、世界中から集まる人々の人間ドラマも描きたかったことのようでした。公演中でゆっくりと話をしている時間はありませんでしたので、ほんの少しの時間でしたが、話をした後はすっきりとした様子で戻っていきました。

主人が私に、わずかなりとも弱いところを見せたのは、後にも先にもその一度きりでした。当時は、深く考えてはいませんでしたが、弱い部分も含めてありのままの姿を互いに見せ合うことで、夫婦の絆は深まっていくものなのかもしれないと、今では思います。

## 別れの寂しさと寄り添いながら生きる

主人が亡くなってから八年。年月は流れましたが、今も寂しさが消えることはありませんし、慣れることもできません。

約二〇歳も離れた相手と結婚したのですから、結婚した当初から、いつかは先立たれるのだろうということは、いつも覚悟していました。とはいえ、山歩きが好きで、普段よく歩いていた主人はとても体が丈夫。日本人離れした体格で、指圧をお願いしていた方からも「この体なら一〇〇歳まで生きちゃうね」などと言われるほどでした。

私たち夫婦もそんな言葉を真に受けていたところもあって、覚悟はしていたものの、頭で考えているのと実際に目の前で起こってみるのとでは、やはり受けとめ方は大きく違いました。

主人が九〇歳を過ぎた頃から、だんだん食べたくないというようになり、寝ている時間が多くなりました。最期は肺炎のために亡くなったのですが、仕事のため、死に目に会うことは叶いませんでした。

主人が亡くなった年は、ちょうど結婚五〇周年でした。亡くなる以前に、お祝いのプレゼントとメッセージカードを持って病院に行きました。よく眠っていたので、どうしても起こせなくて帰ってきたため、結局主人と一緒にカードを読むことができませんでした。

それからしばらく経ったある日、「もうあと何時間も持たない」と医師から告げられているのに、仕事（屋外での撮影）に出かけなければなりませんでした。眠っている主人に、心の中で「さよなら」と別れを告げて、仕事に向かいました。

仕事が始まる頃、病院から電話があり主人は息を引き取りました。役者は親の死に目に会えないものと聞かされていましたから、覚悟はしていました。その通り、母のときは舞台に出演していたため言葉を交わすこともできず、主人のときだけはと思っていたのですが、結局それが運命なのですね。

大切な人が亡くなると、思い出を振り返るのが辛いという方もたくさんいらっしゃるでしょう。亡くなった方を思い起こさせる土地や品々からは、遠ざかりたい。そんな気持ちも理解できます。

しかし、私は、主人が亡くなった当初は特に、主人を思い出したいという気持ちが強くなりました。例えば八ヶ岳の山小屋には、主人との思い出がたくさんあります。その地に行ってあれこれを思い出すことで寂しい気持ちや、悲しい気持ちになることは分かっていました。でも、ただ逃げたくないという気持ちもあって、その思い出のひとつひとつとあえて向かい合うために、山小屋を訪れないではいられなかったのです。

あれから八年。今は、リビングに主人の等身大を超えるほどの胸から上の大きな写真があり、自宅ではいつも彼の姿を眺めながら過ごしています。

その写真は、プロのカメラマンが撮影したものではなく、主人の友人が撮ってくれたスナップでした。心を許した人に見せるとても自然な笑顔が好きで、主人のお別れの会で祭壇に飾るために大きく引き伸ばしてもらったのです。

お別れの会で使ったその写真は、終わった後にいただいたものの、こんなに大きなものをどこにしまおうかと考えあぐねていたところ、たまたまぴったりのイーゼルが家で見つかり、そのままリビングに置いておくことにしました。

　リビングでその写真と向かい合って座っていると、まだ主人がどこかに存在していて、いつも私のことを見守ってくれているような温かい気持ちになれるのです。

　大切な人に先立たれる寂しさは、どんなにときが流れても、完全に消えてなくなることはないのだと思います。そのことにばかりとらわれていても仕方がないからと、無理にでも気分を変えようとしたこともあります。でも、それはなかなかできないものですよね。

　あるときから私は、その気持ちを無理に消さなくてもいいのではないかと思うようになりました。寂しいなら、寂しいでいいじゃないか。その気持ちも大事にしながら生きていけたらと。今は、そんな心境で、寂しさと寄り添っています。

# 慌ただしく別れた母への詫び状

幼かった頃、病弱で父方の祖父母の家で育った私は、いつかは母と一緒に暮らしたいといつも思っていました。

ようやく二人で暮らせるようになったのは、小学校四年生になったときです。

そうなることを待ち望んでいましたから本当にうれしかった。でもその反面、最も母親に甘えたい時期を離れて暮らしたからでしょうか。私のことをとても大切に思っていることは分かっていたものの、どこか母に対して、無邪気に甘えることができず、少し遠慮していたところがありました。もしかしたら母のほうでも、私に遠慮をしていたのではないかと思います。

その後、太平洋戦争が始まり、終戦一週間前に家が焼けてしまってからは、焼け残った近所の家の離れや二階を転々としながらお世話になっていたので、長らく親子水入らずというわけにはいきませんでした。

宝塚歌劇に入団後、ようやく母娘二人きりで一緒に暮らせるようになりました。しかし、その生活も長くは続きませんでした。私が結婚をすることになって、主人と母、私の三人での生活が始まったからです。母としては、せっかく娘との生活が始まったのに、という思いもきっとあったでしょう。

ですから、結婚してからは母に寂しい思いをさせないように、私なりに精一杯気にとめてきました。家でいるときに、主人とばかり話をしていたら、きっと母は寂しくなってしまうでしょうから、例えば主人と三〇分ぐらい話をしたら、母とも平等に三〇分間ぐらい話す、というように……。ときにはちょっとこっちのほうが長かったかな、なんて反省しながら、あっちの部屋からこっちへの部屋へとちょこまかと動き回っていた滑稽なときもありました。

そんな母が亡くなったとき、私は舞台の仕事の真っ最中でした。体調を崩して入院していた母を見舞おうと、舞台稽古の少し空いた時間に病院に行ったとき、母はぐっすりと眠っていました。しばらくはそばにいましたが、舞台で必要なものを買いに出かけたのです。母が目覚めるまで待っていてあげたらよかったと後々になって思ったのですが、よく寝ていたので起こすのがかわいそうになって帰ってしまったのです。

その二、三日後に、母は帰らぬ人となってしまいました。

最後に言葉を交わすことがないまま、慌ただしい別れになってしまったことが心残りで、今も毎夜、仏壇の前で「おやすみなさい」の後に「ごめんなさい」とつい言ってしまいます。

ただ、母の葬儀の日、納棺の際に主人が母に話しかけてくれたことが、今でも心に残っています。

当初、母は主人との結婚に反対したこともあって、母との生活では彼なりに複雑な心境を抱えていたと思います。葬儀の後、それをご覧になっていたお寺のご住職とその息子さんが「同じお別れの言葉でも、あんなに気持ちのこもっているのを聞いたのは初めてです」と言ってくださったのも、私にとって二重にうれしい言葉でした。

これまでに母の夢を二度、主人の夢は一度見ましたが、そのいずれも、夢の中で母も主人もなんとも楽しそうに笑っていました。きっと、そうあってほしいと思うからそんな夢を見るのでしょう。でも、そういう夢を見た後は、なんだかとてもうれしくて、私の救いになっています。

## 母との共通の趣味は舞台鑑賞

母は、芝居や映画を観るのがとても好きな人でした。

私が子どもの頃は、よく歌舞伎に連れて行ってくれて、一緒に鑑賞したものです。買い物で出かけたときに、急に思い立って「これからちょっと観に行こう」と連れて行ってくれたこともありました。小さな頃でしたから、途中で眠ってしまったりもしたものですが、中でも三階の桟敷席からの光景が今もとても心に残っています。

ですから、宝塚から東京に出て来て仕事で忙しくしているときも、母が一人で寂しい思いをしないように、意識して二人で舞台や映画を観に行くようにしてきました。そうして二人の時間を持てたのですから、母と娘が同じ趣味を共有していたことは二人にとってとても幸せなことだったと思います。

たまに、私が友人と芝居や映画を観に行くと少し機嫌が悪かったりする一方で、母のほうはといえば、きっと私よりもずっと映画や芝居を観ていたと思います。

ときどき、私がまだ観ていない芝居の話を「あのお芝居は……」などと始めるので、私がびっくりした表情で母の顔を見返すと、「あ、しまった」というような顔をするわけです。母は社交的なほうではなかったのですが、私が仕事で行けないときには、私の友人や母の姪などと一緒に内緒で芝居を観に行っていたようです。私に悪いと思うのでしょうね、必ず「内緒よ」と口止めしていたそうです。

私が女優になることを心配し、反対もした母ですが、私がさまざまな作品に出演させていただくようになると、喜んでくれましたし、楽しんでくれていたのではないでしょうか。

私の芝居好きは、そんな母の影響もきっとあるのでしょうね。

## 永遠のテーマ「もうちょっと踏み込んで」

今から思えば、幼い頃から人前で歌うのが恥ずかしくて、真っ赤になってしまうような恥ずかしがりやだった私が、よく宝塚歌劇団に入団しようと思い立ったものです。

華やかな世界に飛び込む私を最も心配したのは、そんな私を身近で見ていた母でした。

しかし、試験は受けたものの、まさか合格するとは思っていなかった私が、合格発表を見て戸惑っていたときに、「せっかく合格したのだから、頑張りなさい」と背中を押してくれたのも母でした。

入団後、女優として歩みはじめた私に、母がいっていた言葉で、印象に残っているものがあります。母が思う私の性格がそのまま演技に出ている気がしたのか、「もうちょっと、踏み込んでお芝居をしたら、いいのに」ということでした。

考えてみれば、自分でももう少し前に出たほうがいいと思うこともよくあるのです。母がいうように、自分がいいと思う加減で演じると少し何かが足りない気がして、自分では一歩踏み出してみたつもりでいるのですが、後から見てみるといつもの調子になっている。そんな私を、そばで見ていた母はもどかしく思っていたことでしょう。

もう一歩出て演じたほうが良かったかしら、少し引きすぎたかしら――。

生前に母からいわれながらも、今でも撮影が終わった後に、同じ思いを抱くことが少なくありませんから、母の助言を今もって生かすことができていないのですが……。

そうした言葉をかけてくれる一方で、母は私が頑張りすぎるのを心配していました。特に『蝶々夫人』の撮影で半年ほどイタリアにいたときには、異国の土地での生活に気をもんだようです。周りの人にも、二度と海外での撮影には行かないでほしいといっていたようですね。

あるとき、私が舞台で東京を離れているとき、こんな手紙をくれたこともありました。近所に外国人夫婦が住んでいらっしゃったのですが、母が買い物をしたり、散歩をしたりしていると、そのご夫婦がいつも二人でゆったりとテラスでお茶を飲んでいらっしゃる姿をよく目にしていたのだそう。そこで、手紙には「あなたにも、ああいう生活をさせてあげたい」と書かれていました。

親とはそういうものだとは思いますが、私の場合は子どもの頃に体が弱かったこともあって、仕事を頑張りなさい、というよりも体を大事にしてほしいという気持ちのほうがより強かったのだと思います。

今もきっと、「あなたはもう十分に頑張ったのだから、もうそんなに働かなくてもいいんじゃないの」と思いながら見てくれているような気がします。

## 心の友を持つためには、少しの無理も必要

歳を重ねたら、無理をして友人関係を広げるよりも、自分のことをよく分かってくれる少人数の友人がいたらいい。そんな考えも確かにあるかもしれません。

でも、私は、人生において、友人がたくさんいたほうが豊かになるのではないかと考えています。それも、仕事の関係者や、近所の友人など、何かひとつに偏らず、さまざまなジャンルの方とおつきあいすることで、人生の幅も広がると思っています。

私の場合は、できるかぎり小学校の友人と年に一度は集まっていまし

たし、宝塚時代の友人たちともたまに会って食事を楽しんだりしています。

また、クラシックコンサートに誘ってくださる友人、芝居を観るのが好きな友人、それにプライベートのことでも相談するマネージャーも、大切な友人です。

先日は、山が好きな友人から、うれしいお誘いがありました。その前に、山登りの愛好家の方たちと集まって食事をしたことがあったのですが、その中のお一人から、上高地へ行きませんかと、誘っていただいたのです。

しかも、その友人のお母様は、九〇歳になられるのですが、その方もご一緒されるとのこと。とてもお元気な方のようで、また新しい素敵な出会いになればと、楽しみにしています。

友人との関係を長く続けていくには、やはり忙しくても、ちょっと無理をして時間を作らなければいけないものだと思います。忙しさを理由に会わなければ、どんなに仲のよい友人でも疎遠になってしまうでしょう。

それとともに、心に置いているのは、いつもなるべく相手のいいところを見ようとすること。人には誰にでもいいところがあるので、それを意識するだけでも、相手のことを大切にしたいと思えるのではないかと思います。

もちろん、いいところを見るといっても、心を許せる友人ならば、互いに悪いと思うことがあれば、注意することも必要でしょう。日頃から、そうした友人関係を築いて、必要なときに相談ができたなら、何か迷ったときに大きく間違ったほうには進まないのではないかと思うのです。

そんな心の友を持つことで、人は豊かにも、強くもなれるのではないでしょうか。

# 第六章　美しく歳を重ねるために

## 美しさとは、若さにこだわらないこと

若いときは、気力も体力も充実していますし、ありのままにしていても十分な美しさがあるものです。

いくつの頃に戻りたいかと尋ねられたら、私はできることなら四〇代と答えます。勢いだけで突っ走って、失敗することも許された二〇代、三〇代はもういいかな、と思うのですが、精神的にも肉体的にもとても勢いのあった四〇代なら、なんでもできるような気がするからです。

私自身、そうして若かりし頃をまぶしく振り返ることもありますし、この先、歳を重ねたらどうなっていくのだろうという漠然とした不安を感じてしまうこともあります。

ただ、不思議と歳を重ねることがいやだとは思ったことはありません。

それと同時に、やみくもに若く見えることだけがすばらしいという近年の価値観に違和感を覚えてしまうことも多々あります。

女性には、若い年頃の女の子とは異なる、年齢を重ねた人にしか纏《まと》えない美しさがあると思います。それに、自分よりも若い方のことを意識するよりも、自分よりも年上の世代で素敵な人を見つけようとするほうが、前向きな気がしませんか。

私の周囲を見回してみても、先輩の女優の中に、素敵な方がたくさんいらっしゃいます。その中でも、東山千栄子さんは、ずっと憧れてきた方の一人です。この方は、結婚後にしばらくロシアで過ごされていたこともあるからでしょうか。とても大陸的で、にじみ出るようなおおらかな雰囲気をもっていらっしゃいます。

チェーホフの『桜の園』のラネーフスカヤ夫人の役や、映画『東京物語』の母親の役などが有名ですが、おおらかな雰囲気とともにとても素敵なお芝居をなさるので、こんな女優になれたらと目標にもしてきました。

もちろん芸能界ではなくとも、街を歩けば、粉白粉《おしろい》と口紅だけの簡単なお化粧ながら、内側からにじみ出るような美しさを感じさせる方など、時折思わず見とれてしまうような素敵なご高齢の方を見かけることがあります。それでは、どうしたら、そんな素敵な女性たちのように、年相応の美しさを身につけることができるでしょう。

大事なのは、歳を取ってしまったから無理だと諦めてしまわず、幾つになっても美しく生きていきたいと心のどこかで思い続けることではないでしょうか。

精神的な若さは必要でしょうが、若さにこだわりすぎて、歳を重ねることにがっかりするのでは、本末転倒な気がいたします。それよりも、なんとか素敵な老人になりたい、可愛い老人になりたい、と思っているだけでも、随分心の持ちようが前向きになれるのだと思います。

最近、私が大切にしている言葉に、〝ほんのちょっと無理をする〟というものがあります。分不相応に無理をしすぎると、自分自身も疲れてしまいますし、人に迷惑をかけてしまうこともあるかもしれません。

だからといって、無理をしたり、努力をしたりしなければ、どんどん老いていってしまうような気がするのです。うんと無理をするのではなく、ほんの少し背伸びをしながら、歳を重ねていくことができればと思っています。

## 化粧は自分の個性を知ることから

私が、お化粧を覚えはじめた頃は、ちょうど戦争が終わって、日本中で物が不足していた時代。ですから、今のように多くの種類の化粧品がありませんでした。ゆえに化粧を楽しむことができなかったせいでしょうか。たくさんの化粧品がお店に並ぶようになってからも、化粧で華やかに飾り立てることに、どうも馴染みがないのです。

普段の化粧はというと、ファンデーションを塗り、軽くアイシャドウをつけて、口紅を塗り、眉をペンシルで整え、チークを少しのせるというところ。

私は比較的唇の地の色が濃いので、白っぽい口紅をつけると浮いてしまうことがあります。ですから、唇の地の色を生かした色を選ぶようにしています。

それから、アイラインはぼかすようにすること。私の目は二重が深いので、アイラインをはっきりと描いても、ラインが内側に入ってしまい、かえって目が小さく見えるようだということに気づきました。そういう目をしているようなので、時代劇でプロのメイクさんに化粧をお願いするときにも、くっきりと描かないでぼかすようにお願いしていました。

以前に、歳を取ると眉は上寄りに描いたほうがいいというのを聞いたことがあり試してみると、眉と目の間が不自然に空いて、なんとも眠たげな腫れぼったたい顔になってしまったことがあります。

個人差もあるとは思いますが、年齢とともにまぶたがたるみ、眉と目の間隔も広がっていくものです。そのことに気づいてからは、目の上にある筋肉の流れに沿いながら、少し下側に描き足すようにしています。

肌の色や瞳の色、そして顔の造作は人それぞれ。誰かのお化粧をそのまま真似するのではなく、化粧を繰り返すことで自分の個性を知り、試行錯誤を繰り返して、少しずつ自分の定番を作っています。

とはいえ、やはり化粧も流行がありますし、ずっと同じ化粧をしているわけにもいきません。歳を重ねるに従って少しずつ顔も変わってくるものですよね。ですから、変化に応じた工夫が必要だとも感じます。

ときには人の意見を参考にしたり、またときには自分なりに工夫をしてみたり。歳を重ねれば、それとともに、若い頃とは違う自分なりの化粧とのつきあいができてくるのかもしれません。

## 日々のケアは足し算よりも引き算

私が日常のケアで心がけているのは、足し算よりも引き算をすることです。

基礎のスキンケアも、乾燥を防ぐために化粧水と乳液をつけるぐらい。手の込んだ化粧品を上に上にと塗り重ねることはありません。

一説には、夜、顔の毛穴は排出するのが役目で、実は吸収はまったくしないのだとか。どれほど化粧品をつけても、肌表面にたまるだけなら、なるべく毛穴が呼吸しやすいようにしてあげるほうがいいと聞いたことがあって、それからは基礎ケアもなるべくシンプルにすることを心がけています。

ひとつだけ長年続けているのが、石けんでの洗顔です。この習慣がついたのは、宝塚時代へと遡ります。

私が舞台に初めて立った終戦直後は、クレンジング剤はもちろん、石けんすらほとんど手に入らない時代でした。舞台に出るときには、作品に合わせて日本化粧の鬢《びんづ》付けと、洋装の際のドーランを塗り分けるのですが、ときには和装から洋装へと早変わりしなくてはいけないことがあります。そんなときには、急いで鬘付けを落として、ドーランを塗り、最後に再び落とすというような荒技をやってのけなくてはいけませんでした。

　当時の石けんは固くて泡立たなかったので、少しでも早く化粧を落とすために、お湯を張った洗面器をいくつも用意して、洗ってはゆすいだものです。

　そんな風に、毎日何度もごしごしと洗っていると、ひと月、ふた月と舞台を続けているうちに、肌が炎症を起こして真っ赤になっていきます。触れるだけでも痛いのに、その上に化粧をつけるのですから、痛さに悲鳴を上げながら、毎日石けんと格闘したものです。

　ただ、不思議なものでそれでも毎日続けていると、いつの間にか石けんで洗っても肌が荒れることがなくなってくるのです。人間の肌は再生する力を持っているのだなと、つくづく感じました。

そうした思い出があるからでしょうか。私は今も体だけでなく、顔を洗うときにも石けんを使う習慣が、しっかりと染みついてしまいました。

普段よく使っているのは、純粋なオリーブオイルを使った石けん。顔も体も同じ石けんでごしごし洗えば、ようやく素の自分に戻れたようで、すっきりするのです。

今は、洗顔にしても、スキンケアにしても、たくさんの商品がお店に並び、「肌が白くなる」「ハリが出る」など、とても魅力的な宣伝文句につられて、あれもこれも欲しくなってしまうものですよね。だからといって、手当たり次第に肌につけると、肌が息苦しくなってしまいそう。人間の肌って、思ったよりも再生力があるようですから、過保護なケアはかえって負担を与える原因になるのではないでしょうか。

あくまで私の場合はですけれども、経験上、調子の悪いときこそ、ケア用品で肌をふさいでしまうよりも、シンプルさを心がけて引き算をしたほうが肌にとってはいいような気がしています。

## 髪のお手入れは植物性のケア用品で

髪型が変わらない人は意志が強いというのを聞いたことがあります。しょっちゅう変えたくなる私は意志が弱いのでしょうか。

これまで役柄に合わせて、さまざまに髪型を変えてきましたが、どんな髪型が似合うのか分からないまま。未だに、自分に最もふさわしい髪型はどんなものだろうと、探し続けています。

髪のケアといっても特別なことは何もしていませんが、最近、ひとつだけ決めているのが植物性の染料で染めること。私はもともとの髪の色よりも少し茶色くしたほうが、顔うつりが柔らかくなるような気がして染めているのですが、その際に植物性の染料のほうがお洒落染めより髪を傷めにくいと聞いてから、植物性のものに替えました。その染料は、毛そのものに色を入れるのではなくコーティングしてくれるのだそうです。そのため、髪が強くなって、ハリが出るのだと聞いたことがあります。

そうして、家庭ではシャンプーとリンスも植物性染料用のものを使っています。ただ、もともと人の頭皮には、リンスの役割が備わっていると聞いたことがあります。そのため、あまりリンスを使いすぎると、頭皮がその機能を怠けてしまうのだそうです。ですから、リンスは少し控えめにすることにしています。

お洒落染めから植物性の染料へと替えて、さらにシャンプーとリンスもその染料用のものに変えてからもう随分と経ちますが、気のせいか髪がしっかりとしてきているように感じます。

化粧品と同様に、髪質は人それぞれですから、いろいろ試してみて自分に合うものを探してみることが大切なのではないかと思います。

## 自分らしくいられる洋服を選ぶ

女優という仕事は、多くの方々の手で支えられています。ステージ用の衣裳を用意してくださるのも、そのひとつです。

ただ、例えば雑誌や情報番組でのインタビューなど、何の役柄も演じていないときには、私は自分の目で選んだ洋服を身につけるようにしてきました。専属のスタイリストにお願いしている方も多いようですが、私の場合は自分で選んだものを身につけているほうが、自分らしくいられると思うからです。

以前、私が大好きだったドイツのブランドが日本にも輸入されていた頃は、そのブティックに行けば、私のイメージにぴったりの洋服が見つかりました。もともと主人が君にぴったりの洋服を見つけたと教えてくれたことが、そのブランドと出合うきっかけでした。主人の言葉通り、丁寧に作られた人の温もりを感じさせるような服は、私の好みに驚くほどよく合ったのです。

残念ながら日本で販売されなくなってしまってからは、気に入った洋服がなかなか見つからず、インタビューを目前にして洋服探しに一苦労ということもしばしばです。

「大変だからスタイリストさんに頼んだら?」。事務所のスタッフからも時折、そんな声をかけられます。

ただ、洋服ひとつで、その日の気分が作られることって、あるものだと思われませんか。どこか合わない洋服を着ていると、一日気分が優れないことがあれば、お気に入りの洋服を身につけているだけで、一日とても機嫌よく過ごすことができることもあります。ですから、体にも心にも、自分にできるだけぴったりとフィットして、とにかく「自分らしく」いられる洋服選びは、人には譲れない私のちょっとしたこだわりなのかもしれません。

## しゃんと背筋が伸びる着物の効用

今はファッションがどんどんラフになっていき、どんなにきちんとした席にも正装やおめかしをして出て行くという習慣がなくなりつつあるような気がします。

でも、例えば観劇の際、お祝いの席、およばれのときなど、晴れの席には、少し窮屈な思いをしても、きちんとした格好をする機会があってもいいのではないでしょうか。その点、日本人にとって、着物は身につけるだけで気分が変わるものですね。振る舞いが自ずとおしとやかになり、なんだか喋り方までも変わってしまうから不思議です。

私はこれまで海外の映画祭に参加した際には、意識して着物を身につけるようにしてきました。外国人の女優さんがどんなに素敵なドレスを着ていらしても、着物はまったく引けをとることがないからです。

今でこそ、海外でも着物を知っている方は増えたようですが、昔は珍しい出で立ちに目をまるくして見ておられた方々が、口々に「綺麗ですね」「豪華ですね」と言ってくれたものです。そんなとき、やはり着物は、日本のすばらしい民族衣裳なのだと誇らしくなりました。

それぞれに好みをお持ちだと思うのですが、私にも好きな着物の雰囲気というものがあります。生まれた場所がそうさせるのでしょうか。それとも私のキャラクターがそうさせるのでしょうか。関東らしい粋で渋い着物にも、いいなと惹かれる気持ちはあるのですが、いざ身につけてみると、京風の華やかなもののほうが似合うような気がするし、顔馴染みがいいようなのです。

訪問用のよそ行きの着物から普段用の着物、さらには季節感も保ったほうがいい……というように、着物を着慣れていなければ、見当がつかなくて、どうしても気軽に着られなくなってしまうものですよね。

私も仕事柄、着物を着る機会が多いので、舞台のお仕事などでしょっちゅう着物を着ている時期には慣れて、帯も手早く締められるようになるのですが、久々に着ようとするとなかなか上手くいかないものです。何度も締め直しているうちに、着物が着崩れてきてしまって、着物との距離を感じてしまうこともあります。

ですから、海外の映画祭などに行って自分で何度も着物を着なくてはいけないときには、いくつかの付け帯を持っていきました。高価な帯にはさみを入れてしまうのはもったいない、と思われる方もいらっしゃるかもしれませんが、そのまま使わずに置いておくよりも、付け帯にして気軽に使えるようにしておいたほうが、着物も帯も喜ぶのではないかしら。毎回、帯を結ぶのが難しいという方なら、今お持ちの帯を付け帯に仕立て直されると、着物の装いが身近になるかもしれませんね。

かつては、五〇歳になればこういう着物を着るのはおかしい、六〇歳になったらこういう着物は似合わない、というように年齢によって着られる着物が決まっていたように思います。しかし、だんだんそんな堅苦しいことがいわれなくなり、身につける方に似合ってさえいればいいというような時代になりました。

幾つになっても、お気に入りの着物を長く着られるようになったのですから、私自身も日常で気楽に着物が着られたら素敵だな、と思います。

今後、もう少し日本人が着物に親しむようになればいいですね。

なんといっても、着物は日本が誇るべき民族衣裳なのですから。

## 毎日同じ時間に体重計にのる

女優という仕事は、体が資本です。

特に、舞台を控えているときなどは、どうしても疲労を溜め込んでしまいがち。そんな中で、できるだけよい体調をキープするには、自分の体の状態を知ることが重要になります。

皆さん、それぞれに自分なりの健康法をお持ちだと思うのですが、私の場合は、体調管理の一環として、毎晩同じぐらいの時間に体重計にのって、体重と基礎代謝を把握することを習慣にしてきました。

もともと一度にたくさん食べられない体質で、幸いなことにダイエットに苦しんだ経験がほとんどありません。でも、食事をお任せしている家政婦さんが、さまざまな種類のおかずを作ってくださるので、いつも腹七分を意識しているつもりでも、ついつい食べすぎてしまうことも。

少し食べすぎて苦しいなと思ったら、やはり目方が増えていますし、逆にちょっと疲れが溜まって食欲がないなと感じたら、五〇〇グラムほど目方が減っている。体って、正直なものですね。

私の場合、とても不思議なのは、体が不調だと感じたら、基礎代謝が確実に落ちていることです。それが何故なのかは分からないのですが、基礎代謝が高いときには、やはり体の調子もいいようなのです。

ただ、基礎代謝や体重などの数字にとらわれてしまうのも考えものですよね。かえってストレスになってしまうので、気にしすぎないようにしていますが、できることなら自分にとってのベスト体重や基礎代謝を保って、調子のいい状態で過ごしたい。そうすれば、生活のリズムも自然と整えられるのではないかと思うのです。

自分がどんな状態をキープしていれば、調子良く日々を元気に暮らしていけるか――。体重にしても、基礎代謝にしても、年齢とともに多少は変わりますから、そのときどきの体の変化に目を向けたり、耳を傾けたりすることが、自分自身を大切にすることにもつながるのではないでしょうか。

## 骨を強くすることを意識する

歳を重ねるにつれて、少しでも体力を維持するための習慣をつけることが必要だと感じるものですよね。とはいえ、新たなことに取り組むのは億劫だと感じられる方もいらっしゃるのではないでしょうか。

女優にとって体が資本とは知りながらも、私も特別なトレーニングを習慣にしているわけではありません。

ただひとつ、主人が晩年に腰を悪くして通っていた整形外科の先生から教わって、骨粗鬆症《こつそしょうしょう》の予防にだけは心を配ってきました。というのも、人は年齢とともに骨粗鬆症のリスクが高まって、この病気によって骨折をして歩けなくなると、さらに生きる力が失われていくことにもつながるからです。

もともと母がとても骨が強かったこともあり、私もどうやらそれを受け継いでいるようなのですが、それに加えて、骨を強くするためのものを飲むようにしています。

そのおかげで、先日はかってみると、二〇代の若者の八〇%の骨量があるそうなのです。八〇%といってもピンと来ない方もおられるでしょうね。でも、これは、私の同世代の平均よりもたくさんあるということだそうです。

骨は人間の骨格を作る重要な体の一部ですから、自分の骨量がどのぐらいあって、それを維持、増強するにはどのような処置が必要かを知ることはとても大切。やはり、自分の体の状態に敏感でいることが、健康の第一歩といえそうですね。

## 毎朝の愛犬との散歩で四季を肌で感じる

朝六時。私の日常は、愛犬のヴェルディとの一時間ほどの散歩から始まります。

気持ちよく晴れた日はもちろん、雨の日は一緒にレインコートを着て、冬場はひやっとした空気を肌に受けながら、決まって連れ立って出かけるのが日課です。犬は人間とは違って、どんな天気でも〝今日はお休み〟というのを許してくれませんから。

散歩というと優雅に聞こえるかもしれませんが、そうのんびりとはいきません。私にとっては、運動です。現在の十二代目のヴェルディは、生後二年と数カ月。元気があり余っていて、歩みがとても速い。

それに加えて、わんぱく盛りの子どもの心も残っているようで、面白いものを見つけたり、よその気に入らない犬や車が通り過ぎたりすると、突然一目散に走り出してしまうなんてことも。

そんなときは、走るのを止めさせるために、リードをぐっと押さえなくてはいけません。散歩とはいえ絶えず気を抜くことができず、神経を使っていますから、これが結構疲れます。夏場、近年のように暑い日々が続くと、汗びっしょりになって、散歩から帰ってくると、ぐったりということも……。

特に暑いのが苦手な私は、夏はなんとなく億劫で、今日はお休みしたいと思うこともやっぱりあります。でも、歩いているうちに、眠っていた体が徐々に目覚めてくるのが分かって、だんだんと元気になっていきます。

そして何より、日の出の時間が早くなったな、今年もご近所の花が咲いたな、などと見慣れた風景の中に季節の移り変わりを見つけたり、ご近所の方と挨拶したりしながら歩いていると、やっぱり散歩って清々しくていいものだと思えてくるのです。

とはいえ、これが一人だったら、とても続かないでしょう。晴れた日も、雨の日も、元気な愛犬に引っ張られるようにして出かける散歩が、私にとっては欠かすことができない健康法のひとつになっています。

# 朝食で体のバランスを保つ

健康のために、食事の面で気遣っていることを尋ねられることがよくあります。しかし、これといった決めごとを作らないことが、ストレスを溜めない秘訣なのではないかと思います。

ですから、ありきたりで、ちょっとつまらないような気もするのですが、なるべく野菜をたくさんいただくように心がけながら、偏りなくバランスよく食べることだとお答えしています。

ただし、ひとつだけ決めているのは、朝食を必ずとること。仕事柄、一旦撮影が始まると思うように食事がとれないこともよくあります。ですから、せめて外出する前に、朝食だけは欠かさずとることで、体のバランスを崩さないようにしたい。

母が生きていた頃は私と主人の分まで作ってくれていたのですが、亡くなってからは私がこれを引き継いでずっと続けてまいりました。

最近の私の定番は、朝一杯のジュース。市販のにんじんジュースに林檎を擂《す》って加えたものや、トマトのジュース、アサイーのジュースを、季節やその日の気分で飲みます。

それに、ごはんとパン、レトルトの胚芽玄米と小豆のお粥の中からひとつ選んでいただきます。ごはんやお粥のときには、魚や卵、野菜のおひたしや豆腐、納豆の中から何品かが加わります。そしてパンのときには、卵料理やお肉、フルーツなどが加わるぐらいでしょうか。ごく普通の朝食です。

定番とはいっても、〝これしか駄目！〟というようにガチガチに決めてしまうと、窮屈になってしまいます。何事も束縛されては楽しくありませんから、食事も柔軟な気持ちを忘れないでいたいもの。

これがいいと人から聞いたり、これいいなと思ったものは新しく試してみるなど、楽しみながら生活に取り入れるのが、私なりの食事法といえるかもしれません。

## 一日の出来事を何でもいいので残してみる

夕食を終えてから就寝までの時間が、私にとって最もほっとできる時間。

夕方六時頃までに夕食を終え、お風呂に入って眠りにつくまで、手紙を書いたり、本を読んだりする時間は、とても心静かで落ち着きます。そんな世界に入り込んでしまって、見ようと思っていたテレビ番組を見逃して、しまったと思うことも多々あります。

特に何か書いたりするのは、夜のほうが昼間よりずっとはかどります。

ただ書くことは好きなのに、なぜかこれまで何度か試してはみるものの、なかなか続かないものがあります。それは、日記を書くこと。主人がきれいな日記帳を買ってきてくれたり、自ら気に入った日記帳を買ってきたりしては、今度こそはと心に決めるのですが、どうも長続きしません。途中でやめてしまう、ということが度々ありました。

ただ、映画『くじけないで』で、九〇代で詩人になられた女性を演じてからは、少しずつでも言葉を毎日書いてみたいという気持ちが、再び芽生えてきました。

毎日ではなくても、思いついたときに少しでもいいから何か書いてみようかなと。日記を後から読み返すと、その当時のことが思い出されて、新鮮な気持ちになれるものですよね。

当時は、何か書かないと仕方がないからと惰性で書いたつもりでも、案外後になって読んでみると、我ながら面白いことを考えているじゃないかと満足したりするものです。小学校の頃に戻って、また何でも書いてみようかなぁと思っています。

就寝までのひととき、いつまで続くかは分かりませんが、つれづれに日記を書く時間を持ってみるのもいいなと、今ひそかに計画しています。

# おわりに

本書の出版の話をいただいたとき頭に浮かんだのは、私なんかでいいのかしら、という思いでした。品位についてなど、とてもえらそうなことはいえません。でも、「自分はこうしてきたけれども」とお伝えすることで、少しでも皆さまのお役に立つのならと、お引き受けいたしました。年配の方には私たちの時代もそうだったと懐かしく、若い方にはこんな考え方があるのかと新鮮に感じていただけたら、うれしく思います。とはいえ、皆さまは既にご存じのことばかりだろうと、今になって反省ばかりです。

お読みになって、私のことを女優らしくないと思われた方も多いでしょう。本書でも触れた通り、私自身が女優であることに疑問を持ち続けてきました。でも、尊敬すべき先輩から本書のタイトル『あなただけの、咲き方で』とも共通する「誰でもひとつは宝物を持っている」という言葉を聞いたとき、自分らしくあればいいのだと心底楽になったのです。だから皆さまにもぜひ、自分だけが持つ宝物を大切にしていただきたいと願っています。

出版にあたり、忘れていた思い出がたくさんよみがえってきました。主人のこと、母のことなどをお伝えするのは、逃げ出したい気持ちもありましたが……。でも、引っ込み思案な反面、結構大胆な決断をしてきたなと、自分でも意外な一面に気づくこともできました。そうした人生の決断ひとつひとつが、果たして正しかったかどうかは分かりません。ただ、人生が残り少なくなった今になって、何ごともやらないよりもやったほうがいいと強く感じます。

私が好きな八木重吉さんの詩に、「花はなぜうつくしいか　ひとすぢの気持で咲いてゐるからだ」という一節があります。この詩のように、これからの一日一日も、私だけの咲き方で清々しく生きていけたらと思っています。

最後に、構成の宇治有美子さん、編集の三宅花奈さんをはじめ、装丁から装画まで一冊の本を作るのに、皆さんがこんなにも細かいところまで考えてくださるんだとありがたく思いました。

そして何より、最後までお読みくださった読者の皆さまに心よりお礼を申し上げます。

二〇一五年一月　　八千草薫

ビオトープを造っていた自宅の庭。

構成　宇治有美子

この作品は二〇一五年一月小社より刊行されたものです。

# 幻冬舎文庫

●最新刊
## キッド
相場英雄

元自衛隊員の城戸は上海の商社マン・王の護衛のために福岡空港へ。だが王が射殺され、殺人の濡れ衣を着せられる。警察は秘密裏に築いた監視網を駆使し城戸を追う——。傑作警察ミステリー！

●最新刊
## ラストラン　ランナー4
あさのあつこ

努力型の碧李と天才型の貢。再戦を誓った高校最後の大会に貢は出られなくなる。彼らの勝負を見届けたいマネジャーの久遠はある秘策に出る。陸上に魅せられた青春を描くシリーズ最終巻。

●最新刊
## あぁ、だから一人はいやなんだ。
いとうあさこ

正直者で、我が強くて、気が弱い。そんなあさこの〝寂しい〟だか〝楽しい〟だかよくわからないけど、一生懸命な毎日。笑って、沁みて、元気になるエッセイ集。

●最新刊
## 作家の人たち
倉知　淳

押し売り作家、夢の印税生活、書評の世界、ラノベ編集者、文学賞選考会、生涯初版作家の最期。本格ミステリ作家が可笑しくて、やがて切ない出版稼業を描く連作小説。

●最新刊
## 20歳《はたち》のソウル
中井由梨子

夢を抱えたまま、浅野大義は肺癌のために20年の生涯を終えた。告別式当日。164名の高校の吹奏楽部OBと仲間達による人生を精一杯生きた大義のための1日限りのブラスバンド。感動の実話。

# あなただけの、咲《さ》き方《かた》で

八《や》千《ち》草《ぐさ》薫《かおる》

令和3年6月10日　初版発行

発行人――石原正康
編集人――高部真人
発行所――株式会社幻冬舎
〒151-0051東京都渋谷区千駄ヶ谷4-9-7
電話　03(5411)6222(営業)
　　　03(5411)6211(編集)
　　振替00120-8-767643
印刷・製本―中央精版印刷株式会社
装丁者――高橋雅之



幻冬舎文庫

ISBN978-4-344-43094-5　C0195　や-45-1

幻冬舎ホームページアドレス　https://www.gentosha.co.jp/
この本に関するご意見・ご感想をメールでお寄せいただく場合は、
comment@gentosha.co.jpまで。